中国乒乓球后备人才训练单位绩效评估的理论探索与实践

周弈 张瑛秋 著

西南交通大学出版社
·成都·

图书在版编目（CIP）数据

中国乒乓球后备人才训练单位绩效评估的理论探索与实践 / 周弈，张瑛秋著. -- 成都：西南交通大学出版社，2024.5
ISBN 978-7-5643-9837-8

Ⅰ. ①中… Ⅱ. ①周… ②张… Ⅲ. ①乒乓球运动 – 后备力量 – 人才培养 – 研究 – 中国 Ⅳ. ①G846

中国国家版本馆 CIP 数据核字（2024）第 107361 号

Zhongguo Pingpangqiu Houbei Rencai Xunlian Danwei Jixiao Pinggu de Lilun Tansuo yu Shijian

中国乒乓球后备人才训练单位绩效评估的理论探索与实践

周 弈　张瑛秋　著

责 任 编 辑	周 杨
封 面 设 计	原创动力
出 版 发 行	西南交通大学出版社 （四川省成都市金牛区二环路北一段 111 号 西南交通大学创新大厦 21 楼）
营销部电话	028-87600564　028-87600533
邮 政 编 码	610031
网　　　址	http://www.xnjdcbs.com
印　　　刷	成都勤德印务有限公司
成 品 尺 寸	170 mm × 230 mm
印　　　张	14.25
字　　　数	233 千
版　　　次	2024 年 5 月第 1 版
印　　　次	2024 年 5 月第 1 次
书　　　号	ISBN 978-7-5643-9837-8
定　　　价	57.00 元

图书如有印装质量问题　本社负责退换
版权所有　盗版必究　举报电话：028-87600562

序 言
Preface

对中国乒乓球后备人才训练单位绩效评估的思考

任何时期，人才都是发展的根本。2023年国家中长期人才发展规划纲要就明确强调"人才是国家发展的核心竞争力"。纵观历史，世界体育强国的理论研究和实践证明，一项运动的发展需要充足的后备人才储备，没有充足的后备人才储备，竞技运动的发展将成为无源之水和无本之木。

中国体育正在由大国向强国迈进。乒乓球作为我国的国球，历来受到党和政府的高度重视和人民群众的喜爱，是人民群众喜闻乐见的一项体育运动，群众参与度一直列各体育项目之首。但是在新的形势下，我们的梯队建设和后备人才培养还存在着不少问题，面临着许多困难，培养全面发展的乒乓球人才还任重道远。《奥运项目竞技体育后备人才培养中长期规划》——乒乓球项目竞技体育后备人才培养中长期规划（2014—2024）中高屋建瓴地看到中国乒乓球后备人才当前面临的困难与挑战：人才输送渠道狭窄，区域发展失衡，后备人才流失严重，评价标准单一，参赛年龄虚假，学校训练缺失；教练员、运动员文化素质普遍不高，运动员社会适应力差，退役后待安置问题凸显；独生子女家庭的家长鼓励子女从事竞技事业的积极性大幅下降，导致后备人才来源萎缩，训练单位招生困难，训练单位数量逐渐减少等问题[①]。

国家体育总局在全国乒乓球羽毛球工作会议报告中对乒乓球后备人才训

---

① 国家体育总局青少年体育司.奥运项目竞技体育后备人才培养中长期规划》——乒乓球项目竞技体育后备人才培养中长期规划（2014—2024）[M]. 北京：人民体育出版社，2014.

练单位[①]的评估工作做了总结和展望：评估标准单一造成部分基层培养单位只顾自身眼前利益而忽视了对后备人才的全面性培养；要淡化唯金牌的单一评价标准，建立以竞技成绩为主，兼顾综合素质培养的立体全面的评估体系，引导各方培养全面发展的年轻运动员。

那么，如何进行乒乓球后备人才训练单位绩效评估，才有助于引导各训练单位从以人为本的原则出发，注重青少年文武兼修的全面发展？如何评估才有助于鼓励和提高训练单位教练员的业务水平和工作满意度？如何评估才有助于营造出优秀训练单位得到应有的认可和奖励，为暂时较差的训练单位发现问题，找到改善的路径，以评促改、以评促建，形成全国各训练单位横向覆盖面提高、纵向积极竞争的良性发展态势？

基于上述现实需要而展开的乒乓球后备人才训练单位绩效评估研究将有助于对上述问题进行解答，也将有助于从源头开始提高整个乒乓球后备人才培养系统的运行质量，对实现中国乒乓球的可持续发展具有重要意义。

一、当前后备人才训练单位的"成绩评估模式"

"绩效评估"自古有之，如古代的"论功行赏"，但与现代社会正式广泛运用绩效评估这一概念相比，早前的绩效评估属于"非正式绩效评估"。据Devris等人考证，中国在公元三世纪就已经有了绩效考核[②]。绩效考核在工业领域出现要归功于罗伯特·欧文斯，他于19世纪初在苏格兰的工业领域进行了绩效评估[③]。早在1813年，美军就已经在军队中实行绩效考核，1842年美国政府就开始对公务员进行绩效考核[④]。由此看来，自从产生了群体、组织，如何有效地调动个体和组织的积极性和创造潜能，持续提高绩效水平——

[①] "后备人才训练单位"的说明：开展乒乓球后备人才培养的机构有传统校、少体校、各省市运动队、社会俱乐部等不同类型，因而用"后备人才训练单位"这一表述进行统称。

[②] Devris D.L, Morrison A M. Shullman S L. Gerlach M. Performance appraisal on the line, Greensboro, NC: Centre for creative leadership, Technical Report No.16, 1980.

[③] 杨杰，方俐洛，凌文铨.关于绩效评价若干基本问题的思考[J].自然辩证法通讯，2001（2）：40-51.

[④] Raymond J Corsini. Concise Encyclopedia of Psychology[J]. John & Wiley and Sons, Inc, 1987.

直以来就是管理者重视和研究的问题,而乒乓球后备人才训练单位绩效评估,属于绩效管理在体育事务中的扩散应用。

中国有自己特殊的国情,从中华人民共和国成立以来,我国运动训练管理工作的评估模式很大程度上以成绩为主,即以奖牌和运动成绩为主要的评估模式。当时在计划经济体制下,国家为了短期提升竞技体育国际地位、提高国家政治影响力而采取的特殊战略和管理方法。在这样的历史背景下,以全运会为主体的国内竞赛体制得以确立,以奥运争光战略为主体的国际竞赛体制得以实施,以竞技金字塔为模型的竞技体育人才输送体制就此建立。"竞赛是指挥棒"这句总结性的话语深刻反映了竞赛对选材、训练、管理和资金投向的导向作用,竞赛制度深刻影响着整个运动训练过程,对运动员的培养产生巨大的杠杆效应。竞赛的项目和规程对训练的内容、对象和规格都做出了相应的要求。在这样的竞赛制度背景下,人们当然更加注重竞技体育的直接效益——运动成绩。争金夺银是各地体育工作的基本目标和导向,也是各级运动队训练管理的重要任务和目标,以成绩为主的评估模式就成为主流。

成绩评估模式的特点是注重直接效益,以运动成绩为目标也使训练管理工作导向清晰,能够更有计划地实施,具有较强的可操作性,也易于让人理解和接受。这种"达成度评估"也使评估标准简洁明了,具体评估过程中就是要查清运动训练工作产生了多少人才输送和竞赛成绩。但是,成绩评估模式也有其缺陷和不足,具体体现在如下方面:① 过分将精力放在获取成绩和维持短期竞赛上成绩容易助长急功近利的思想和投机倒把的行为,导致在人才培养过程中短期成绩方面投资过多,在未来长远价值的投资较少,以致竞技体育人才培养缺乏后劲。② 不适应新时期中国社会发生深刻转型,社会对竞技体育发展提出的新要求,缺乏对创造未来价值的指导和评估,尤其是在体育创造无形社会效益,人才培养需要全面发展,提高社会适应力等方面,传统的成绩导向绩效评估已经显得捉襟见肘。③ 过度重视运动成绩等可直接计量的因素而忽视了某些重要的非成绩指标。④ 成绩评估和运动训练管理价值间存在矛盾,成绩评估模式建立在以成绩来衡量投入价值产生的效益,忽视了人才培养随时间变化而产生的无形、有形价值的增值。⑤ 传统成绩评估模式的局限性还表现在:重结果的"秋后算账"轻过程的"适时评估";重局部"本位业绩",轻整体"组合效益"等方面。这些局限使传统的成绩评估模式已经难以适应新形势下竞技体育发展的要求[①]。

二、未来"综合评估模式"的发展趋势判断

"综合",出自《辞海》,意思是把各方面不同类别的事物组合在一起[②]。所以综合评估可以理解为:对一个相对复杂的事物做出全面、系统、客观的评估。一方面,传统运动训练绩效评估模式日益暴露出的局限和不足对寻找一套更加合理而全面地对运动训练管理进行评估提出了客观要求;另一方面,随着人类各种认识活动越来越复杂,在评估实践中不仅注重结果,也开始重视过程、长远利益等因素,这让"综合评估模式"得以不断发展。

综合评估模式具备如下特征:① 含有多个指标,就运动训练绩效而言,综合评估模式涵盖训练条件、训练过程和训练结果三方面的指标;② 综合评估中的各项指标分别说明受评对象的不同方面,指标之间往往是有不同量纲的,且不存在一个统一的同变量因素,即各项指标有着各自的性质和度量标准;③ 综合评估模式最终对被评估对象做出一个整体性判断,用一个指标来说明被评估对象的一般水平[③]。

近年来,全国乒乓球羽毛球后备人才工作会议均指出,评估标准的单一造成部分基层培养单位只顾自身眼前利益而忽视了对后备人才的全面性培养;要淡化唯金牌的单一评价标准,建立以竞技成绩为主,兼顾综合素质培养的立体全面的评估体系,引导各培养全面发展的年轻运动员。对于分布在全国各省市的后备人才训练单位,需要提高对偏远省市和经济欠发达地区的扶持力度,大力调动各地方基层培养单位的积极性,使更多的省市参与到乒乓球项目的后备人才培养的工作中来;同时突出重点,针对发展好的地区加大对优秀人才培养训练单位的建设和投入力度,做好以点带面、点面结合的培养工作,提高后备人才队伍的规模,促成后备人才培养的繁荣景象,使竞技乒乓球运动有人可选,有充足的优秀后备人才可选。由此可以推断,运动训练绩效评估会逐步从"成绩评估模式"向"综合评估模式"发展。

---

① 王虹,赵刚,等. 金牌真的那么重要吗[J]. 教书与育人,2008(8):23.
② 辞海(缩印本)[M]. 上海:上海辞书出版社,1979:1184.
③ 邱东所. 多指标综合评价方法的系统分析[M]. 北京:中国统计出版社,1991:8.

三、迎接新的绩效评估模式

运动训练是一项长期、复杂的系统工程。将运动成绩这类单一标准作为训练工作的唯一目标，在竞技体育"唯一性、排他性"的掩护下无可非议，也是不争的事实[①]。只是基于运动成绩的评估模式已经难以适应时代发展，运动训练绩效的综合评估能使各级体育行政部门进行宏观指导、信息反馈，使运动训练、竞技体育后备人才培养等工作更加规范化、人性化、合理化，是新时期运动训练绩效评估的发展方向。从当前乒乓球后备人才训练单位绩效评估的发展状况来看，还处在以"成绩评估模式"为主的阶段，出现缺乏理论基础、指标体系设置不够科学、缺乏外部主体的评估参与、评估理念待更新等问题。在竞技体育后备人才培养评估导向往综合全面的发展趋势下，需要抓住乒乓球后备人才培养工作作为一种"准公益产品"，后备人才培养需要满足国家意志和社会的要求，同时，在以人为本、可持续发展的理念下开展评估和管理。借鉴平衡记分卡这一绩效评估方法和战略管理工具，有助于在新形势下继续发挥人才培养的体制优势，追求人才培养的质量效益，坚持体教融合方针，拓宽成才渠道，为乒乓球后备人才培养的战略实施提供有效支撑。

四、基于平衡记分卡的绩效综合评估模式探索

平衡记分卡是一种突破了个人绩效局限，基于组织整体战略性激励的新型绩效评估和管理体系。从国家体育总局乒羽中心管理和各后备人才训练单位自身管理与发展的需求来看，需要一套行之有效的绩效管理体系来提高各训练单位的管理水平；训练单位在自身日常管理和运行中也迫切需要一套高效运转的机制，提高训练效益，创造满意的工作环境，为队员提供满意的训练、教学服务。平衡记分卡绩效评估体系从客户、内部流程、学习成长和财务维度出发，能够充分考虑社会需要、训练单位利益相关者的需要、训练单位内部员工的需要、人才培养的流程需要、物质基础等多方面重要因素，为乒羽中心提高管理效率，为训练单位提高自身工作水平都是十分必要的。

---

① 肖天. 对竞技体育特殊性的认识[J]. 国家体育总局：体育工作通讯，2004（3）：41.

再者，平衡记分卡体系的构建并不仅仅局限于某一个层面，在企业中，一个多项经营的大型企业往往是从总部开始自上而下地构建总部平衡记分卡、分公司平衡记分卡、员工个人平衡记分卡的，这些不同层次的平衡记分卡形成一个以总体战略实施为导向的绩效评估体系，让企业战略得以逐层细化并最终实现。同理，对乒乓球后备人才培养战略来说，基于平衡记分卡亦可构建上至国家体育总局乒羽中心，下至各后备人才训练单位甚至训练单位员工个人的平衡记分卡，真正建立起一套多层次的中国乒乓球后备人才培养战略实施的绩效评估体系，利于各训练单位从国家人才培养的长远利益考虑，让"全国一盘棋"的战略得以巩固和层层细化。

因此，基于平衡记分卡理论构建训练单位绩效评估体系有助于训练单位绩效评估摆脱传统"成绩评估模式"注重短期利益而缺乏后劲、不适应社会对体育人才全面发展的要求、忽视非成绩因素的可持续发展动因等缺陷，进而从综合平衡的角度，以科学的理论对后备人才训练单位绩效进行评估。同时，训练单位绩效评估亦能从平衡记分卡理论不断发展中持续汲取养分，围绕已经建立的评估体系向平衡记分卡最前沿方向迈进：将各后备人才训练单位绩效评估工作进行整合，最终上升至全国乒乓球后备人才训练单位绩效管理的战略高度。

目 录
CONTENTS

第一章 绪 论 ·································· 001

　　第一节　中国乒乓球后备人才训练单位绩效评估的实践背景·· 002
　　第二节　研究目的与意义 ························· 004
　　第三节　研究内容与创新 ························· 006
　　第四节　研究方法与思路 ························· 009

第二章 训练单位绩效评估的理论基础与当前实践 ········· 027

　　第一节　绩效与绩效评估 ························· 028
　　第二节　运动训练单位绩效评估的发展趋势 ··········· 031
　　第三节　训练单位绩效评估体系构建的三层次理论基础··· 036
　　第四节　现行训练单位绩效评估体系的元评估 ········· 060

第三章 基于平衡计分卡的训练单位绩效评估理论探索 ····· 064

　　第一节　平衡计分卡（Balanced Score Card，BSC）····· 065
　　第二节　平衡计分卡在体育领域绩效评估的广泛运用 ··· 070
　　第三节　基于平衡计分卡构建训练单位绩效评估体系的
　　　　　　重要理论问题总结 ························· 074

第四章 训练单位绩效评估体系的实证构建 ·············· 081

　　第一节　训练单位绩效评估概念模型构建 ············· 082
　　第二节　概念模型的展开：评估指标体系初步构建 ····· 085
　　第三节　指标体系的优化 ························· 089

第四节　确立绩效评估指标体系的各级权重 …………… 102
　　　第五节　评估细则制定 …………………………………… 107
　　　第六节　评估标准制定 …………………………………… 119
　　　第七节　训练单位绩效评估指标体系的分析 …………… 121

第五章　训练单位绩效评估体系的实证检验与反思 ………… 127
　　　第一节　指标属性值的标准化与价值评判 ……………… 128
　　　第二节　评估体系实证检验结果的分析与讨论 ………… 142
　　　第三节　评估体系实证检验的结论、建议与后续研究 … 152

结　语 …………………………………………………………… 158

参考文献 ………………………………………………………… 161

附　录 …………………………………………………………… 168
　　　附录 A　全国乒乓球后备人才训练单位中期考核评分表 … 169
　　　附录 B　全国乒乓球后备人才训练单位中期考核评分细则 … 172
　　　附录 C　第一轮专家问卷 ………………………………… 174
　　　附录 D　第二轮专家问卷 ………………………………… 178
　　　附录 E　第三轮专家问卷 ………………………………… 182
　　　附录 F　第四轮专家问卷 ………………………………… 185
　　　附录 G　问卷设计专家效度检验表 ……………………… 187
　　　附录 H　运动员调查问卷 ………………………………… 189
　　　附录 I　教练员调查问卷 ………………………………… 193
　　　附录 J　训练单位绩效评估体系 AHP 权重确定专家调查表 … 199
　　　附录 K　运动员身体素质测试内容和细则 ……………… 202
　　　附录 L　《中国青少年乒乓球训练教学大纲
　　　　　　　身体素质评价标准》 …………………………… 205
　　　附录 M　运动员技术测试内容及细则 …………………… 211
　　　附录 N　运动员技术测试评分标准 ……………………… 213

后　记 …………………………………………………………… 216

第一章

绪 论

- 第一节 中国乒乓球后备人才训练单位绩效评估的实践背景
- 第二节 研究目的与意义
- 第三节 研究内容与创新
- 第四节 研究方法与思路

第一节 中国乒乓球后备人才训练单位绩效评估的实践背景

在特定的历史背景和国情下，中国竞技体育的后备人才培养主要是围绕各级后备人才训练单位建立的三级训练培养体系。随着中国由计划经济向市场经济转轨的不断深入以及社会快速发展对人才要求和标准的不断提高，这种举国体制下占主导地位的三级培养体系已经不能适应当前和未来社会对运动员文武兼修、全面发展所提出的要求，暴露出诸多问题。虽然中国乒乓球位于世界领先水平多年，面对目前后备人才整体萎缩的大环境，乒乓球后备人才培养工作更要居安思危。

国家体育总局乒乓球羽毛球运动管理中心主任在全国乒乓球羽毛球青少年训练工作会议中明确提出：要狠抓后备人才训练单位（重点训练单位）建设，使其成为竞技后备人才培养的主要依托；今后的工作重点将是进一步强化乒乓球和羽毛球后备人才训练单位建设，使训练单位政策法规的制度体系不断完善，形成以考核和评估为核心的工作评估体系和评估机制。本研究正是在这样的背景和实践的需求下展开的对"中国乒乓球后备人才训练单位"（全书以下简称"训练单位"）的绩效评估进行研究。

一、乒乓球后备人才培养重大战略的需要

据国家体育总局乒乓球羽毛球运动管理中心（以下简称"乒羽中心"）对各省市信息调查表的统计，全国开展乒乓球项目的各级各类体校有 337 所，运动员 23 266 人，分布在全国 16 个省区市[①]；全国共有各级各类乒乓球传统学校 650

[①] 只有 16 个省市区真正有体育总局挂牌的训练基地，具体包括：北京市、天津市、河北省、辽宁省、上海市、江苏省、浙江省、福建省、山东省、广东省、海南省、山西省、吉林省、黑龙江省、安徽省、江西省、河南省、湖北省、湖南省、广西壮族自治区、内蒙古自治区、重庆市、四川省、贵州省、云南省、西藏自治区、山西省、甘肃省、青海省、宁夏回族自治区、新疆维吾尔自治区。

所左右，在训运动员53 950人。这些单位同样有发展潜质成为重点单位，2016全国乒乓球青少年训练工作会议明确指出，要形成以考核和评估为核心的工作评估体系和评估机制，加强和巩固业务训练的基础地位，未来10年的乒乓球后备人才培养战略目标是提高训练质量和效益，继续扩充重点单位，力争重点训练单位达到60所以上，长训运动员规模达到4 000人以上，努力构建以国家级训练单位为骨干，省级训练单位为基础，规模、布局、结构合理，充满活力的后备人才培养体系。对这些具有潜质的训练单位，需要一套科学合理的绩效评估体系来进行判断，从而为是否认定为重点单位提供决策依据；对于乒乓球未来十年要达成的战略目标，可以通过对训练单位的绩效评估将战略细化到每个训练单位之中，并进行监督和实行有效的管理，使人才培养战略得以实现。

二、重点训练单位评估和竞争机制的需要

我国一向重视乒乓球后备人才训练单位的建设，早在1987年就施行全国乒乓球重点后备人才培养单位评选这一重大举措，以建设重点乒乓球后备人才训练单位为核心，形成全国性的乒乓球后备人才合理布局，不断适应社会发展对人才培养的需求。1997年，国家对最早确立的23所全国重点单位进行了第一次检查和评估；2004年进行了第二次检查和评估，并对重点训练单位的评选引入竞争机制。当时负责评估的乒羽中心二部部长戴启军表示，全国乒乓球后备人才训练重点单位的选拔、管理和培养机制要跟上潮流的发展，不搞"终身制"，而要通过优胜劣汰来挑选出乒乓球后备人才培养真正的摇篮。时至今日，最新一批的乒乓球后备人才重点训练单位认定工作于2014年完成，全国一共48个单位获得此称号，其中包括5所中学，4所小学，14所业余体校，6个训练单位，15所体育中专，3所体育高职院校，1所大学，分布于全国17个省市[①]。竞争机制的引入，需要有一套科学合理的绩效评估体系对这些重点单位进行评估，达到要求者再接再厉，对未达要求者进行提醒和采取相应措施，为实现重点单位优胜劣汰的良性发展提供依据。

---

① 国家体育总局青少年体育司编制《奥运项目竞技体育后备人才培养中长期规划》——乒乓球项目竞技体育后备人才培养中长期规划（2014—2024）[M]. 北京：人民体育出版社，2014.

三、对训练单位有效引导和管理的需要

我国乒乓球的三级训练网络到目前已经形成了一套从基层体校到省市专业运动队、国家队，有广泛普及面，层层衔接的乒乓球训练人才培养网络和体系。这种训练模式是集中有效资源开展乒乓球竞技后备人才培养的重要机制，有别于其他国家培养体制，也是我国培养出一大批优秀乒乓球运动员的重要体制保证。虽然随着改革开放不断深入，社会主义市场经济的发展和建立，这一体制暴露出一些问题，但在保证乒乓球项目保持长盛不衰上仍具有不可替代的优势作用。

科学的评估可以有效引导训练单位和后备人才培养的发展方向，统筹兼顾，全国一盘棋：提高对偏远省市和经济欠发达地区的扶持力度，大力调动各地方基层培养单位的积极性，使更多的省市参与到乒乓球项目的后备人才培养的工作中来；同时突出重点，针对发展好的地区加大对优秀人才培养训练单位的建设和投入力度，做好以点带面、点面结合的培养工作，增加后备人才队伍的规模，促成后备人才培养的繁荣景象，使竞技乒乓球运动有人可选，有充足的优秀后备人才可选。

第二节　研究目的与意义

一、研究目的

分析现行使用的训练单位评估体系存在的问题，在此基础上探讨训练单位运用平衡计分卡进行绩效评估的可行性、必要性和意义，构建基于平衡计分卡和层次分析法的训练单位绩效评估体系，并将研究成果用于具体实践，选取具有代表性的训练单位进行典型调查，实证检验评估体系的实用性，为乒羽中心未来对后备人才训练单位的绩效评估提供全面、系统和科学的评估体系参考。

二、研究意义

（一）理论意义

构建基于平衡计分卡和层次分析法的训练单位绩效评估体系，为各运

动训练的绩效评估提供新的理论视角，对平衡计分卡理论的应用进行拓展。通过研究视角的创新、研究方法的新集成、新评估体系的构建和新评估路径的探讨，为各运动项目后备人才培养的绩效评估提供理论和方法的借鉴。

（二）实践意义

通过平衡计分卡与训练单位人才培养的使命与战略目标的有机结合，构建一套有明确理论基础，符合系统理论，能够反映可持续发展能力的乒乓球后备人才培养战略实施情况的绩效评估体系，以此来监控、指导和推进训练单位绩效评估实践。充分发挥绩效评估对于管理和决策的重要工具价值，通过训练单位的绩效评估，发现人才培养和自身发展过程中的问题，进而有针对性地对乒乓球后备人才训练单位的发展提供相应指导，为中国乒乓球第三次创业"可持续发展"的核心要求提供支持。

具体来说，在现行使用的2015乒乓球后备人才重点单位评估方案的基础上构建更加优化的评估指标体系对训练单位进行绩效评估，宏观层面有助于为国家体育总局乒羽中心每年针对不同训练单位进行的资金投入和资源分配提供依据，为后备人才重点单位的认定与免除提供依据，是乒羽中心在后备人才中长期培养规划中加大重点布局单位投入，为落后地区给予适当政策倾斜从而形成"全国一盘棋"战略布局提供参考依据。

中观层面上，有助于督促各乒乓球后备人才训练单位的发展，为训练单位的现状进行诊断和分析，进而找出改进和提高的方向，为"以评促改，以评促建"的评估工作提供参考。

微观层面上，有助于引导训练单位在乒乓球后备人才培养过程中努力完成相应的人才培养目标，更有针对性地为改进运动员的文化教育、运动训练和打造高质量教练团队等工作提供参考。

三、研究对象界定

本研究以中国乒乓球后备人才训练单位绩效评估为研究对象。我国乒乓球项目后备人才培养的渠道主要是如下三个层次：第一层次为全国各省、自治区、市的地区业余体校和全国乒乓球后备人才训练单位以及一些俱乐部的业余运动队和半专业运动队，队员年龄大多8~10岁；第二层次为省、市的俱乐部以及乒乓球学校优秀运动队的第二、三线队伍，年龄大多为 10~13 岁；第三层次为省、市的俱乐部，乒乓球学校优秀运动队的第一、二线队伍中的年轻运动员，以及国家集训队中的二线队员，年龄多为 13~17 岁[①]。

与输送渠道相对应，我国乒乓球项目后备人才的培养模式也就形成了目前的如下三个层次：第一层次的培养主要是由基层教练员、体育教师和乒乓球工作者对当地运动员进行启蒙性和基础性训练；第二层次的培养主要是选拔出业余小运动员中的优秀苗子进入省一级的专业或半专业运动队中进行集训培养；第三层次的培养则主要通过集中训练的模式，同时中国乒协每年定期举行全国范围内的大区集训和由国家队参加的全国性集训，并选派全国的骨干教练员以及国家队教练员执教。本研究所指的训练单位是从事第一层次和第二层次乒乓球后备人才培养的训练单位。

从后备人才训练单位的办训形式看，目前全国乒乓球后备人才重点单位可归纳为主要的四种办训形式：一是集食宿、训练和文化学习为一体的传统三集中形式，包括一些体育系统独立办学或原先隶属体育系统，目前划归教育系统主管的训练单位，此形式为我国竞技乒乓球的辉煌成绩发挥了巨大的作用；二是以体育系统为实施主体，与教育系统联合的体教结合形式，包括单项运动学校、业余体校等；三是教育系统主打，在教育系统学校中以发展传统项目学校、网点学校进行业余训练的教体结合训练单位；四是企业、学校、俱乐部等多种单位互相合作，以社会力量为主的训练单位。

第三节 研究内容与创新

一、主要研究内容

（一）现行评估体系的元评估

目前中国乒乓球后备人才的培养已经确立了狠抓后备人才重点训练单位

---

① 国家体育总局青少年体育司编制《奥运项目竞技体育后备人才培养中长期规划》——乒乓球项目竞技体育后备人才培养中长期规划（2014—2024）[M]. 北京：人民体育出版社，2014.

建设，使其成为竞技后备人才培养主要依托的发展战略，国家体育总局乒羽中心于 2015 年运用现行评估体系对重点单位进行了考核。通过对现行评估体系的导向、优点和不足进行分析，在此基础上构建新的训练单位绩效评估体系。

（二）训练单位绩效评估体系的理论探索

理论源于实践又高于实践，扎实的理论基础是科学研究的重要保障。在顺应评估实践向多学科综合、交叉的发展趋势下，本研究形成了以系统科学为宏观指导，以评估指标体系构建理论为中观指导，以平衡计分卡为具体理论框架为构建手段的三层次理论体系。这三个层次的理论体系层层衔接，联系紧密，完成了从宏观把控到中观指导再到微观实现的理论与实践的完整链条，为研究的起点、过程和结果的科学性、合理性打下基础。

（三）构建基于平衡计分卡的训练单位绩效评估概念模型

在平衡计分卡（Balanced Score Card，BSC）绩效评估理论的框架下，根据乒乓球后备人才中长期发展规划制定的战略，结合乒乓球后备人才培养的特殊性构建训练单位绩效评估概念模型。

（四）构建训练单位绩效评估指标体系

1. 具体评估指标构建

借鉴教育评估、企业绩效评估、运动训练队伍绩效评估等领域的研究成果，确定乒乓球后备人才训练单位绩效评估的组成要素，通过文献、实地调研和专家咨询等综合意见，在训练单位绩效评估概念模型的基础上，细化出后备人才训练单位绩效评估的具体指标体系。

2. 指标筛选

运用德尔菲法，遴选相当数量的乒乓球后备人才训练单位的资深教练员、竞技一线教练员、训练单位管理员、高层领导以及国家体育总局乒羽中心后备人才训练单位评估专家组的成员和乒乓球领域的学者专家，对初步建立的指标体系进行指标评价，根据各项指标的评价结果完成相应的指标增加和剔除工作。经过若干轮次的咨询和论证，让专家意见收敛和达成一致，从而确立最终的训练单位绩效评估指标体系。

3. 指标权重的确定

采用层次分析法（Analytic Hierarchy Process，AHP）向专家组成员发放调查问卷搜集判断矩阵数据，运用 YaAHP 软件的群组决策对专家组的调查结果进行处理，最终确定指标体系的各项权重。

4. 评估细则的制定

对指标体系各项指标的内涵、计算方法、数据搜集方法进行详细说明，为各项指标构建效用函数，制定评估标准。

（五）训练单位绩效评估体系的实证检验

在上述指标体系各项指标完成确立并确定权重之后，根据所确定的训练单位绩效评估指标体系设计相应的问卷，并对问卷进行效度检验和信度检验，选取若干具有代表性的乒乓球后备人才训练单位作为典型调查对象，运用实地测试、资料检索和问卷调查等方法搜集相关数据进行绩效评估体系的实证检验，对所建立的评估模型进行验证和调整，最终完成中国乒乓球后备人才训练单位绩效评估的研究。

二、研究创新点

（1）理论新视角。

从中国乒乓球后备人才训练单位的基本职能入手，基于哈佛大学商学院教授罗伯特·卡普兰等构建的平衡计分卡绩效评估理论，从客户、内部流程、学习与成长和财务四个维度对训练单位绩效进行全新的审视。

（2）方法新集成。

本研究以群组决策的方式充分将焦点小组访谈法、半数原则筛选法、秩和比法和层次分析法集成于德尔菲法中，有效完成了训练单位绩效评估体系构建的各关键技术环节。

（3）评估新体系。

构建了一套全新的，融合系统理论为宏观指导，评估体系构建理论为中观指导和平衡计分卡理论为微观指导的三层次绩效评估体系。

（4）评估新路径。

构建的训练单位绩效评估体系在实践中主要通过资料法、问卷法和测试法，从训练单位人才培养状况、训练规模等搜集客观信息，从运动员和教练员问卷等多个角度搜集评估信息，这种以多方实证为实施特征的体系为乒乓球后备人才训练单位绩效评估提供新的可靠路径。

第四节　研究方法与思路

一、文献资料法

充分利用国家图书馆、北京体育大学图书馆、中国知网、超星数字图书馆和 Proquest 等学术资源查阅和搜集与本研究相关的学位论文、专著、教材和期刊论文，主要包括：魏宏森教授的系统论原著，卡普兰的平衡计分卡原著，国内专家孙永玲等出版的平衡计分卡专著 5 本，德尔菲法专著 2 本，许树柏等出版的 AHP 层次分析法权威专著 5 本，董克用、付维宇等绩效管理专家的专著 4 本；刘青、肖林鹏和张瑞林等体育管理领域学者出版的体育绩效管理学专著 10 余本，钟秉书、愈继英、杨再淮等学者的竞技体育后备人才相关专著 10 余本；风笑天教授关于社会调查的专著 2 本；平衡计分卡、绩效评估、AHP 层次分析法相关硕博士学位论文，竞技体育后备人才培养、竞技体育后备人才训练单位建设、乒乓球后备人才培养等期刊论文共计 400 余篇，以及参与乒羽中心后备人才训练单位相关会议获取的文献，评估材料和乒乓球后备人才培养基层调研报告等文献资料的整合与积累。

文献资料法达成的核心目标包括以下几点。

（1）打下扎实的理论基础。

明确绩效的定义和内涵，在平衡计分卡绩效管理理论的框架下，在现代对绩效全新综合理解的基础上构建乒乓球后备人才训练单位绩效评估模型。

（2）正确的方法论指导。

正确运用德尔菲法、问卷调查法、AHP 层次分析法等所要运用的核心研究方法，确保研究方法符合相关要求，从而保证研究过程中搜集数据的质量和可靠程度，数据处理符合统计学要求以及对结果进行科学的解读。

（3）深化对研究对象的认识。

宏观上准确把握我国乒乓球竞技后备人培养的现状和未来发展趋势等普遍规律，同时深入具体到准确把握乒乓球后备人才训练单位的发展现状，以国家和社会发展趋势为指导，在乒羽中心对乒乓球后备人才发展所做科学规划的指引下进行研究，把握正确的训练单位绩效评估导向。

二、德尔菲法

德尔菲法又称专家调查法，是以专家为研究对象，收集研究信息，主要具有匿名性、信息反馈性和统计推断性特征。本研究按照德尔菲法取得良好效果的要点和原则，从咨询对象的选取、专家的界定、专家组的人数构成、多轮次的专家咨询等方面做了如下工作。

（一）专家组的构建

本研究构建了36人的核心专家组。

咨询对象选取：本书研究的是乒乓球后备人才训练单位绩效评估，其相关对象主要有负责乒乓球后备人才培养的各基层训练单位，负责管理各训练单位的省市体育局和国家体育总局乒乓球羽毛球运动管理中心。因此，本研究的专家咨询对象主要包括：训练单位教练员和乒乓球竞技一线的教练员（以下简称教练员），训练单位管理员（以下简称管理员），训练单位高层领导（以下简称高层领导），乒羽中心后备人才训练单位评估专家组成员（以下简称评估专家组成员）。

咨询对象的从业年限要求：本研究采用 Brown. B 的专家界定标准[1]，要求咨询对象从业年限在10年及以上。

核心专家组人数：本研究组建了36人的核心专家组，参与德尔菲法所有轮次咨询的专家人次数均不低于26人。

乒羽中心评估专家组成员均为咨询对象：乒羽中心 2015 乒乓球后备人才训练单位中期考核评估专家组成员，不论从业年限是否满足 10 年，均视作符合本研究需要的专家。原则四是符合本研究自身特殊性的原则，因为乒羽中心指派的评估专家组中有的成员属于新生力量，虽然从业年限不足 10 年，但他们[2]一直参与了乒乓球后备人才训练单位的督导、考核、摸底调研等相关

---

[1] Brown. B. Delphi Process: a Methodology Used for the Elicitation of Opinions of Experts[M]. Santa Monica: The Rand Corporation, 1987: 3925-3942.

[2] 符合这一特殊原则的成员有两名，分别是乒羽中心主抓乒乓球后备人才训练单位工作的王琛和北京体育大学乒乓球教研室教师朱珂。

工作,是符合研究要求和需要的专家。

(二)专家组效度(权威程度)

在咨询对象选取合理的前提下,反映专家组权威程度的重要指标通常有工作年限、学历结构和职称等,本研究专家组的基本情况如表 1-1 至表 1-4 所示。

(1)专家组构成。

由表 1-1 可知,体育总局行政管理员、乒乓球领域的知名学者和体育院校教师构成的评估专家组成员占 27.28%,活跃在后备人才培养实践第一线的教练员占 30.56%,活跃在后备人才训练单位管理实践的管理员占 33.33%,专家组中 3 大类主要成分的比例接近 1∶1∶1,构成较合理。

表 1-1 专家组构成

构成	频数	百分比
评估专家组成员	10	27.78%
教练员	11	30.56%
管理员	12	33.33%
学者	3	8.33%
合计	36	100.00%

(2)工作年限。

表 1-2 专家组工作年限

工作年限	频数	百分比	累计百分比	最小值	最大值	平均值
30 年及以上	17	47.22%	47.22%	3	46	26.5
20~30 年	10	27.80%	75%			
10~19 年	7	19.44%	94.44%			
10 年以下	2	5.56%	100%			
合计	36	100%				

工作年限是判定专家权威程度和有效性的核心指标,由表 1-2 可知专家组平均工作年限达到 26.5 年,最大值 46 年,工作年限 10 年以上的专家占

94.44%，工作年限是专家多年工作经验、知识和能力的反映，是本研究有效性的重要保障。

（3）学历结构。

表 1-3　专家组学历结构

学历	频数	百分比
博士	5	13.89%
硕士	5	13.89%
本科	26	72.22%
合计	36	100.00%

（4）职称结构。

表 1-4　专家组职称结构

职称	频数	百分比
高级	16	44.44%
中级	10	27.78%
初级	1	2.78%
无职称	9	25.00%
合计	36	100.00%

注：高级职称包括"教授""研究员""国家级教练"和"高级教练"；中级职称包括"副教授""副研究员""中级教练""中级教师"；初级职称包括"讲师"和"初级教练"。

学历和职称结构并非专家组有效性的核心指标，常作为专家组权威性的补充说明。由表 1-3 和表 1-4 可知，学历方面，研究生学历（博士和硕士）均为 5 人，占比均为 13.89%，本科学历占比 72.22%，没有低于本科学位的成员；专业技术职称方面，高级职称者占 44.44%，中级职称占 27.78%，也较理想。综上所述，研究的核心专家组的构成、工作年限、职称和学历结构等情况均较理想，权威程度较高，为德尔菲法的有效性奠定了重要基础。

（三）德尔菲法的详细使用情况

在现代综合评估中，根据德尔菲法发挥作用的范围可以分为德尔菲法的环节运用和全程运用，一般而言，一个完整的综合评估包含确立评估目的，构建评估指标体系，确定评估方法、模型和权重，搜集数据进行评估，对评估结果进行检验和分析[①]这 5 个环节。为降低个人主观性，充分发挥德尔菲法的作用，本研究从初拟体系的焦点小组访谈，到集成半数原则筛选法、秩和比法对指标进行筛选，以及以专家群组决策的层次分析法确定权重等各环节，以统计处理专家组意见的方法降低个别专家对指标评价的主观性，从而提高指标筛选、体系权重确定的客观性。上述环节中运用德尔菲法的基本流程如图 1-1 所示。

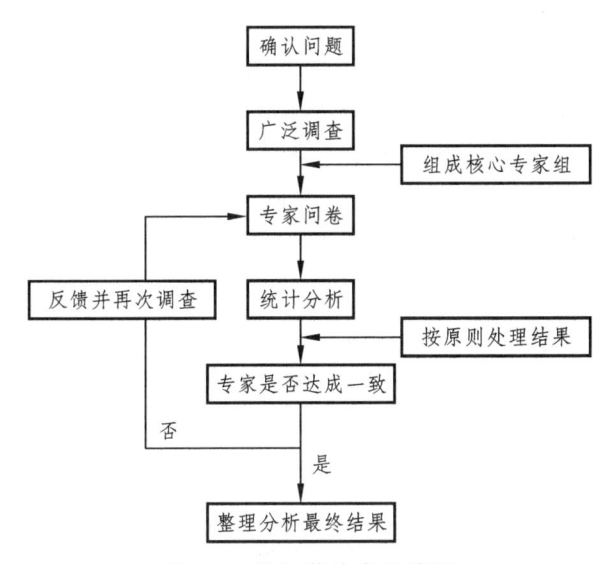

图 1-1 德尔菲法应用流程

通过纸质版问卷和邮件填写电子版问卷的形式邀请专家参与研究，对专家组的意见整理汇总后进行相应的统计分析，专家问卷的信度通过专家组意见一致性检验来判断，当专家组意见达到统计要求则整理分析出相应结果；如果意见不一致，则设计新一轮专家调查问卷，做好信息反馈，邀请专家再次作答。当专家组对研究涉及的所有问题意见都达到统计学要求时，即认为结果一致性较好、客观性较高，宣告咨询结束。各轮咨询情况和完成的工作

---

① 徐蔼婷. 德尔菲法的应用及其难点[J]. 中国统计，2006（9）：57-59.

具体如下。

（1）第一轮咨询：初拟评估指标体系。

研究者于2016年7月至9月中旬在实地走访调研黄石国家乒乓球训练训练单位、北京什刹海体校、海淀区体校、鲁能乒乓球学校、威海市体校等训练单位。向评估专家组成员进行咨询的过程中，以半结构化焦点小组访谈（见附录C）的方式，完成包括训练单位高层领导、教练员、管理员、评估专家组成员在内的一共36人次的首轮咨询。记录和汇总专家意见，请专家为训练单位绩效评估概念模型具体化构建指标，初步构建了以平衡计分卡绩效4个维度为一级指标，以52个维度为二级指标以及对应观测指标的训练单位绩效评估指标体系。

（2）第二轮咨询：指标粗筛选。

研究者于2016年9月中旬至10月初对核心专家组再次咨询，通过纸质版问卷和电子邮件的方式共发放专家问卷36份，回收36份。本轮咨询将第一轮专家咨询产生的指标汇总、整理，编制第二轮专家调查问卷（见附录D），请专家对52个二级指标进行粗筛选，依照"半数原则筛选法"对专家问卷的结果进行统计处理，将指标体系优化为包含4个一级指标，30个二级指标的评估体系。

（3）第三轮咨询：指标精筛选。

研究者于2016年10月初至10月中旬对核心专家组进行第三轮咨询，通过纸质版问卷和电子邮件的方式共发放专家问卷36份，回收30份。具体工作是将第二轮保留的30个二级指标编制成指标精筛选的专家问卷（见附录E），请专家对4个一级指标各自的二级指标进行重要性排序，用肯德尔和谐系数对专家意见一致性进行检验，对于意见达成一致的二级指标群，依据"秩和比法"进行统计处理，完成指标体系客户和财务两个一级指标，一共7个二级指标的保留工作。内部流程和学习与创新这两个一级指标下的指标群由于专家意见一致性尚未达到统计标准，留待向专家组反馈后的下一轮再次咨询。

（4）第四轮咨询：指标体系确立。

研究者于2016年10月中旬至11月初对核心专家组进行第四轮咨询，通过纸质版问卷和电子邮件的方式共发放专家问卷36份，回收30份。通过将第三轮咨询专家组意见尚未达成一致的具体情况编入第四轮调查问卷（见附录 F)，请专家组根据第三轮调查的反馈信息，就尚未达成一致的内部流程和学习与创新两个一级指标的 21 个二级指标再次咨询，专家组意见达成一致。对内部流程和学习与创新的各项二级指标用"秩和比法"统计处理，完成指标精筛选。最终确立了基于平衡计分卡的 4 个一级指标，15 个二级指标的训练单位绩效评估指标体系。

（5）第五轮咨询：指标体系权重确定。

研究者于 2016 年 11 月中旬至 12 月中旬期间，用 YaAHP 软件编制《训练单位绩效评估体系 AHP 权重确定》的第五轮专家问卷（见附录 J）对核心专家组进行咨询。考虑到第三轮和第四轮有 6 位专家因为冬训工作繁忙等原因缺席了两轮咨询，为保持专家对研究背景和进度的熟悉程度，让专家提供更高质量的反馈，因此，本轮调查仅向一直参与了前 4 轮调查的 30 名专家进行咨询。通过纸质版问卷和电子邮件的方式共发放专家问卷 30 份，回收 26 份。专家组按照层次分析法的要求对指标体系各层的指标逐一进行两两比较，获得 AHP 群组决策的集结判断矩阵，为训练单位绩效评估指标体系计算权重。

综上所述，研究充分运用德尔菲法，根据研究进展在不同咨询轮次中通过设计合理的问卷对专家组意见进行汇总和反馈，结合"半数原则筛选法""秩和比法"和"层次分析法"的数据处理方法完成指标体系的构建和权重的确定，通过 5 轮专家咨询，成功构建训练单位绩效评估指标体系。

三、秩和比法（Rank Sum Ratio, RSR）

秩和比法是中国田凤调教授 1988 年创立的一种综合评价方法。秩和比（RSR）是一个内涵丰富的综合性指标，具有 0~1 的连续变量特征，以非参数的分析方法为基础，通过对各项指标的数量（列数）、分组数（行数）进行秩次转换，然后通过参数分析的方法来研究秩和比的分布，从而解决多指标综合评价的问题[54]。本研究运用秩和比方法的原理，进行训练单位绩效评估指标的精筛选，具体使用步骤和原则如下。

（1）专家组为评估指标编秩。

结合德尔菲法编制专家调查问卷，让专家对各项指标按照重要性程度排序（见附录 E、F），专家把自己认为最重要的指标记为 1，第二重要的指标记为 2（专家认为指标相同则记录相同的秩次），以此类推，这样每个需要精筛选的指标都会得到自己的"秩次"。

(2) 专家组意见一致性检验。

研究采用肯德尔和谐系数检验专家组对各项指标评价意见的一致性：当某个一级指标下所有二级指标评判结果的肯德尔和谐系数大于 0.8（显著性水平取 95% 置信区间）时，即认为该指标群专家组意见达成一致，可以停止对该指标群的评判，并根据秩和比法计算各项指标的相对重要性。

(3) 计算各项指标的秩和比 W_i 完成指标精筛选。

对于通过一致性检验的专家意见，根据专家对各项指标所编秩次计算秩和比。根据秩和比计算相对重要性，算出该一级指标下各项二级指标的权重，若指标的秩和比计算结果小于 0.1，则视为该指标在其所属一级指标下与其他指标的比较中重要度不足，删除该指标；反之，则保留秩和比大于等于 0.1 的指标。

四、层次分析法（Analytic Hierarchy Process, AHP）

层次分析法（Analytic Hierarchy Process, AHP），由美国运筹学家 T.L.Satty 于 20 世纪 70 年代提出，基本思想是将复杂的问题分解成各个组成因素，并将这些因素按照支配关系分组，形成有序的递阶结构，通过两两比较判断的方式确定层次中诸因素的相对重要性，并将判断结果进行表达和处理，实现决策方案对目标相对重要性的排序，是一种简便、灵活而又实用的多准则决策方法，是一种对一些较为复杂、较为模糊的问题做出决策的简易方法，特别适用于难于完全定量分析的问题。本研究选取层次分析法为最终确立的训练单位绩效评估体系确定权重，运用情况的详细说明如下。

（一）本研究层次分析法使用流程

(1) 定义问题，明确目标：确定训练单位绩效评估体系指标权重。

(2) 根据研究对象构建层次结构模型：研究从最高的目标层（训练单位绩效评估）到中间层判断准则，即基于平衡计分卡的理论框架，再到最底层指标层，构建了层次结构模型（详情参看研究结果部分）。

(3) 判断矩阵的构建：按照层次模型从上到下的顺序，依次为下一层元素构建该元素对于上一层元素两两比较的判断矩阵。本研究邀请到核心专家组的 26 名专家，通过纸质版或电子版的形式填答了研究者运用 YaAHP 软件生成的"训练单位绩效评估 AHP 专家调查表"（见附录 J），获得了专家组对训练单位绩效评估体系各层次指标两两比较的判断矩阵。

（4）层次单排序：完成所有元素的两两比较，借助 YaAHP 软件，选择主流的 AHP 群组决策计算方法——几何平均法，计算 26 位专家群组决策的集结判断矩阵的最大特征根，并计算一致性比率（CR），当一致性检验 CR 值小于 0.1 时则完成相应的层次单排序。

（5）层次总排序合成计算：通过各准则层的层次单排序权重乘以各指标层指标的层次单排序权重，得到训练单位绩效评估指标体系各层次的指标权重，完成层次总排序。

（6）当判断矩阵一致性不满足时，对相应的判断矩阵进行修正。

（二）本研究采用的 AHP 比例标度说明

AHP 方法作为一种"半定量"的分析方法，能够在社会科学领域大显身手的重要原因之一在于此方法对研究对象进行测度时所用的相对比例标度。这种方式充分利用人的经验和判断，以相对标度的形式统一有形与无形，对定量与非定量的因素进行测度[55]。目前 AHP 方法使用最多的标度是 Satty 等众多学者比较不同比例标度下人们判断结果的正确性后得出的结果①：9 级比例标度最准确，正好是人们最常用的语言叙述评比，包括"同等重要""稍微重要""相当重要""明显重要"和"绝对重要"，相对应的数值尺度 1、3、5、7、9 以及基于上述 5 个语言叙述评比的折中值 2、4、6、8，具体见表 1-5。

表 1-5 主流的 AHP 九级比例标度

标度	定义	内容
1	同等重要	对于上级准则，两个要素同等重要
3	稍微重要	对于上级准则，其中一个要素稍微重要
5	相当重要	对于上级准则，其中一个要素相当重要
7	明显重要	对于上级准则，其中一个要素明显重要

---

① The Hierarchon: A dictionary of Hierarchies. Satty, P A-9T.C & Forman, E.H.(1996). Pittsburgh, Pennsylvania: Expert Choive.

续表

标度	定义	内容
9	绝对重要	对于上级准则，其中一个要素绝对重要
2、4、6、8		用于上述标准之间的折中值
上述数值的倒数		当A要素与B比较时，若被赋予以上某个标度值，则B要素与A要素相比较时的权重就是该标度的倒数

采用1~9级比例标度有着深刻的科学依据：心理学实验表明，选取1~9的标度能够反映大部分人的判断能力；大量社会调查表明，1~9的比例标度早已被人们熟悉和使用；科学考察和实践表明，1~9的比例标度完全能够区分引起人们感觉到有差别的各种属性；采用其他比例标度AHP方法同样可以完成理论分析，只是一般来说，就大部分人的感觉而言，能够具有正确性与一致性的比较对象不超过7个层级[①]。因此，本研究让专家组采用最主流的9级标度来构造判断矩阵。

（三）本研究使用的AHP群组决策数据处理方法

由于专门处理AHP问题的YaAHP软件的普及，层次分析法运用过程中计算繁杂的层次单排序，判断矩阵一致性检验等工作都交给了软件完成，在此不赘述层次分析法的具体数学计算方法，重要的是根据情况选取合适的数据处理方法。本研究采取评分几何平均的计算方法对专家组构建的判断矩阵进行数据处理，运用专门处理AHP研究问题的软件YaAHP，对26位专家的群组决策选择"判断矩阵集+几何平均"的群组数据处理方法，通过对26位专家各自构建的两两比较判断矩阵进行集结，通过计算专家组的集结判断矩阵得到权重确定结果，本研究使用的YaAHP群组决策面板如图1-2所示。

图1-2 YaAHP专家几何平均法群组意见决策面板

---

① 张炳姜.层次分析法及其应用案例[M].北京：电子工业出版社，2014，1：22-23.

五、问卷调查法

本研究根据构建的乒乓球后备人才训练单位绩效评估体系，开发和设计相应的运动员和教练员问卷，通过专家效度检验后，用问卷作为实证检验评估体系的数据搜集工具之一。问卷的形式是一份精心设计的问题表格，用于测量调查对象的行为、态度和社会特征[1]。问卷调查法成功的关键因素之一就是问卷的设计。调查问卷的质量直接影响整个调查资料的真实性、适用性，影响问卷的回收率，进而影响结果的可靠性；同时，因为问卷调查在资料收集过程中往往具有"一次性"特点，所有问题必须在正式调查前考虑好，问卷一经发出就难以更改和补救[2]。因此，需要对问卷的效度和信度进行检验。

（一）问卷效度检验

本研究的问卷设计和效度检验工作如下。研究者先后于2016年5月以北京什刹海和海淀区体校的运动员、教练员为调查对象进行了第一次预调查，于2016年8月在黄石乒乓球训练单位进行第二次预调查，于2016年10月中旬在辽宁省体育运动学校进行了第三次预调查；在上述调研过程中，通过与填写问卷的运动员、教练员沟通，分别了解训练单位运动员和教练员的基本阅读能力，以便于问卷各题项的语言表达更加适宜；通过观察现场集中填答问卷过程中出现的问题总结经验，进一步优化问卷在内容和结构上的问题，同时设计出有效的问卷填答组织形式；咨询填答问卷的运动员和教练员就问卷中存在表意不清、难以理解的地方搜集意见，同时听取填答者就调查主题没有涉及到的相关内容进行的补充，询问填答者填答过程中对问卷内容安排的意见等。总的来说，做到精简题目降低问卷填答者的"主观填答障碍"，根据调查对象特点优化问卷语言表述，选择适宜难度的题项等方式降低问卷填答者的"客观填答障碍"，提高问卷效度。经过预调查的修改完善之后，正式请专家组成员进行问卷效度检验。本研究的问卷效度检验是通过纸质版问卷和电子版问卷的形式请专家组的7位专家（张晓蓬、赵霞、肖丹丹、于洋、唐建军、袁华和祖国伟）完成的。将专家对两套问卷的效度评价数据录入SPSS20.0，运用多重响应分析对7位专家的评价结果进行处理，具体结果如表

---

[1] 风笑天. 社会研究方法[M]. 北京：中国人民大学出版社，2009：145.
[2] 郑旗. 体育科学研究方法[M]. 北京：人民体育出版社，2006：203.

1-6 和表 1-7 所示。

表 1-6 运动员问卷效度评价结果

	非常有效	比较有效	有效	不太有效	无效
总体效度	14.3%	85.7%	0%	0%	0%
内容效度	42.9%	57.1%	0%	0%	0%
结构效度	71.4%	28.6%	0%	0%	0%

表 1-7 教练员问卷效度评价结果

	非常有效	比较有效	有效	不太有效	无效
总体效度	16.7%	66.7%	16.7%	0%	0%
内容效度	14.3%	71.4%	14.3%	0%	0%
结构效度	71.4%	28.6%	0%	0%	0%

从专家效度评价的结果可知，研究所编制的运动员问卷和教练员问卷在总体效度、内容效度和结构效度三个方面均比较有效，研究设计的两套问卷均通过了专家效度检验。

（二）问卷的回收率和有效率

按照目前乒乓球后备人才培养的四大类模式，研究分别选取了：正定乒乓球后备人才训练训练单位（传统三集中），上海曹燕华乒乓球学校（社会办学），中国乒协中国乒乓球学校（体教结合）和上海中学（教体结合）4个典型代表作为实证数据的采集来源。研究者于 2016 年 12 月 18 至 29 日期间到达上述四个训练单位实地发放问卷，采取现场集中填答和回收的方式完成数据搜集。采用集中填答法是因为相比于个别发送法和邮件填答法，现场集中填答具有比个别发送法更为节省时间、人力和费用，比邮寄填答法更能保证问卷填答质量和回收率的优点。研究者在现场集中填答时采取了如下措施提高问卷的填答质量：（1）领导动员：取得调研单位总教练或校长的帮助，将问卷依次分发给下属教练，再由教练员分发给自己负责的运动员；（2）有效说明：取得调研单位总教练或校长帮助时已经完成有效沟通，在分发问卷后对问卷的填答做简洁有效的说明；（3）组织纪律：从问卷的发放、填答到回收均保持场面的相对安静和秩序井然；（4）填答时机：在填答者心情平静状态下完成,包括训练前20分钟进行填答(中乒校和上海中学),运动员文化课期间填答(正定训练单位)以及运动员自习期间(曹乒校)填答;(5)无效问卷剔除:研究者逐一对回收的问卷进行检查,对题项填答缺失过多的问卷,问卷量表中反向测量题目和正向测量题目分值明显矛盾的问卷进行剔除处理。运动员、教练员问卷详细情况如表1-8和表1-9所示。

表1-8 运动员问卷情况

	发放	回收	无效	有效	回收率	有效率
正定训练单位	88	88	12	76	100%	86.36%
上海中学	59	59	7	52	100%	88.14%
曹乒校	72	72	1	71	100%	98.61%
中乒校	126	126	12	114	100%	90.48%
合计	345	345	32	313	100%	90.72%

表1-9 教练员问卷情况

	发放	回收	无效	有效	回收率	有效率
正定训练单位	18	18	0	18	100.00%	100.00%
上海中学	11	11	2	9	100.00%	81.82%
曹乒校	18	18	0	18	100.00%	100.00%
中乒校	8	8	0	8	100.00%	100.00%
合计	55	55	2	53	100.00%	96.36%

如上述表格所示,问卷调查共发放运动员问卷345份,回收345份,有效问卷313份,回收率100%,有效率90.72%;共发放教练员问卷55份,回收55份,有效问卷52份,回收率100%,有效率96.36%。衡量问卷调查质量的两项重要指标是回收率和有效率。关于问卷调查中可接受的回收率标准,Nachmias等国外社会学专家指出:"要确定一种可接受的回收率标准不是一件容易的事情,因为科学家在最低回收率的标准上意见不一致。"[1]根据美国社会学家艾尔·巴比的一个等级规则:"要进行分析和报告,问卷回收率至少

---

[1] Nachmias C F, Nachmias D, Research Methods in the Social Sciences. Worth Publishers, 2000: 213.

50%才足够，至少达到60%的回收率才是好的，而达到70%就非常好。"[1]问卷调查除了要在"高回收率"上下功夫，同时还要在"高质量"上下功夫。巴比教授强调："明显不存在回收偏差比有偏差的高回收率重要得多。"[2]从上述标准来看，本研究的运动员和教练员问卷回收率和有效率均是比较理想的，达到社会调查的要求。

（三）问卷信度报告

问卷的信度是指通过问卷调查得到材料的稳定性与可靠程度，不是所有问卷都要交代信度，需要交代信度的问卷也不是所有问题都要交代信度，只有在理论上存在测量误差的问卷才需要交代信度。不需交代信度的题项类型通常有：单条目问卷，填空题和人口统计学信息（如性别、年龄、运动等级、每周训练时数等）。采用较好的测量学特征的现成问卷则交代本研究中此问卷的内部一致性信度，未必需要重测信度检验[3]。本研究设计的问卷中需要对"运动员训练比赛满意感"和"教练员工作满意度"部分的信度进行信度报告。

运动员问卷中对运动员训练比赛满意感的测量选用张力为（2004）编制的《训练比赛满意感量表》（内部一致性的克隆巴赫α系数为0.75）。通过将量表中第5题反向计分题转化，运用SPSS20.0计算本研究313名运动员问卷的内部一致性的克隆巴赫α系数为0.814。

教练员问卷中对教练员工作满意度的测量选用的是工作满意度的权威性测量工具——明尼苏达满意度问卷（Minnesota Satisfaction Questionnaire，MSQ）[4]。运用SPSS20.0计算本研究搜集的53份教练员问卷，其内部一致性的克隆巴赫α系数为0.903。

根据公认的信度标准，信度达到0.8以上时就认为是一个信度较高的测验[5]，因此，本次实证研究的运动员问卷和教练员问卷信度均较好，结果可信。

---

[1] [美]艾尔·巴比．社会研究方法[M]．北京：华夏出版社，2018：331．

[2] Earl, Babbie, The Practice of Social Research, 4th edition Wedsworth, Inc. 1986:221[74]C E Schneier, R W Beatly, C S Baired, The performance management sourcebook, Human resource development press, Inc. 1987.

[3] 郑旗．体育科学研究方法[M]．北京:人民体育出版社，2006：212-213．

[4] 曾明，秦璐．工作满意度研究综述[J]．河南教育学院学报（哲学社会科学版），2003（1）：101-104．

[5] 张力为，毛志雄．体育科学常用心理量表评定手册[M]．北京：北京体育大学出版社，2004：265．

六、实地调查法

首先,在前期利用跟随导师前往各乒乓球后备人才训练单位通过选材测试的机会,中国乒协举办乒乓球教练员培训班的机会,外出进行乒乓球全国锦标赛等裁判任务的机会,以及自行前往等方式,对黄石国家乒乓球训练训练单位、山东潍坊鲁能乒乓球学校、威海市体育运动学校、沈阳市体育运动学校等单位进行了实地调查,了解目前乒乓球后备人才训练单位的基本情况,为研究从总体上把握训练单位绩效评估提供支持。其次,训练单位绩效评估体系实证检验阶段,研究者前往4所用于实证检验的训练单位,在正定乒乓球训练训练单位、上海曹燕华乒乓球学校、上海中学和中国乒协乒乓球运动学校发放问卷,实地测试搜集评估信息过程中,对4所训练单位进行了典型调查,对他们在乒乓球后备人才培养、训练单位建设基本情况等方面进行调查,搜集宝贵的第一手资料。最后,研究者先后于2016年7月至12月期间完成了4所典型调查单位运动员的身体素质和技术测试,以下详细说明测试设计的关键内容。

(一)样本代表性

获取训练单位运动员的整体身体素质和技术水平的评估信息,需要有代表性的样本。综合考虑研究者的经费、人力、时间以及训练单位运动员的情况等因素,本研究测试的运动员样本信息如表1-10所示。

表1-10 实地调查测试情况

	正定训练单位	曹乒校	中乒校	上海中学
9~10岁男	0	28	17	3
9~10岁女	14	16	16	3
11~12岁男	4	17	21	6
11~12岁女	6	14	14	4
13~14岁男	30	17	14	5
13~14岁女	15	7	2	10
总测试人数	69	99	84	31
总运动员人数	170	210	160	55
样本规模	41%	47%	53%	56%
测试时间	2016年9月1—2日	2016年7月26—28日	2016年7月29日	2016年12月18日

首先，男性和女性运动员均覆盖。其次，将运动员分为9~10岁、11~12岁、13~14岁的年龄段进行测试，年龄覆盖了乒乓球后备人才的第一和第二个层次（8~14岁），且年龄分段与《中国青少年乒乓球训练教学大纲》（全文以下简称《大纲》）相吻合。再者，从样本规模来看，根据社会调查的经验，较好的样本容量与总体有如表1-11所示的要求[①]。

表1-11 经验确定样本数的范围

总体规模	100以下	100~1 000	1 000~5 000	5 000~10 000
样本规模	50%以上	50%~20%	30%~10%	15%~3%

在一定范围内，通常样本量越大则代表性越好。习惯以30为界，大于30就视为大样本，反之则为小样本。由表1-10可知4所单位分别测试69人、99人、84人和31人，均是大样本；从测试的运动员人数占各训练单位总运动员人数的比例来看，样本规模均达到具有代表性的比例，因此，样本代表性较好。

（二）测试指标选取

对身体素质的测试，严格按照《大纲》中设定的5项内容：30米跑反映速度素质，45秒双摇跳反映协调性，3.5米侧滑步反映灵敏素质，立定跳远反映下肢爆发力，3000米跑反映耐力素质（测试细则请参看附录K）。

对技术水平的测试，采取乒羽中心乒乓球后备人才选材研究中最新确定的技术测试方法：分别对运动员10分钟总练习时间内"不定点摆速"和"搓球后正手连续攻"两项技术的"上台时间"进行记录，同时由教练员对运动员两项技术测试时的"落点""力量""反应时"和"协调性"进行5级评价（测试细则请参看附录M和附录N）。

（三）数据质量控制

（1）测试人员：测试人员均为乒乓球方向硕士研究生，对乒乓球身体素质测试、技术测试均比较熟悉。测试前对测试团队的研究生进行了统一培训，要求每位学生熟悉测试细则并精练负责的项目，达到正确测试、准确记录的标准。

---

① 袁方，等. 社会研究方法教程[M]. 北京：北京大学出版社，1997：228.

（2）测试前对运动员进行思想动员，测试时要求主管教练在场。

（3）确保同一人测试同一个项目，并严格执行测试细则。

（4）不测试因伤、因病不能正常训练的运动员。

（5）在充分做好准备活动的前提下，先进行技术测试，再进行身体素质测试。身体素质测试采取 30 米跑、立定跳远、3.5 米侧滑步和 45 秒双摇跳循环安排的方法，充分利用场地和测试人员，在有限的时间内完成测试；上述所有测试项目完成后统一进行 3 000 米跑测试。

七、研究技术路线图

研究思路和计划如图 1-3 所示。

第一阶段理论探究：通过文献研究与实地调研相结合，充分掌握研究对象、研究目标、研究方法的相关资料。

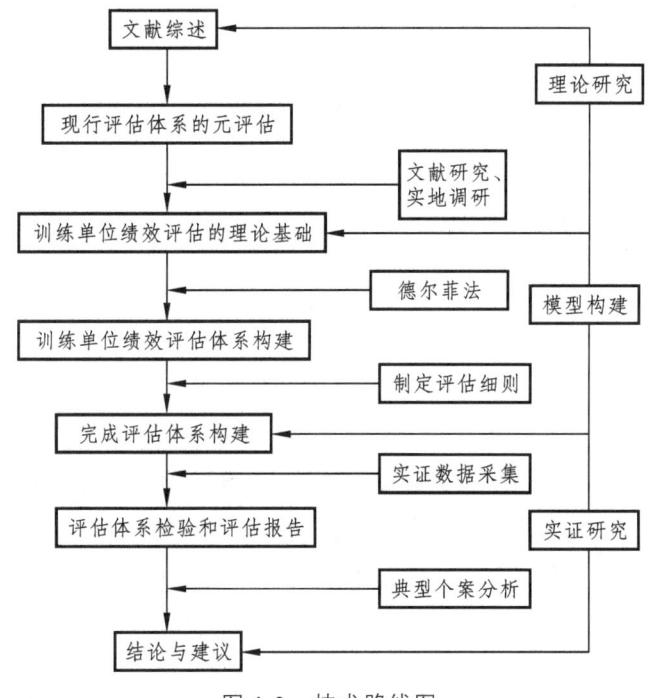

图 1-3 技术路线图

第二阶段体系构建：在前期工作基础上，通过专家访谈、问卷调查、实地调查等方法，构建乒乓球后备人才训练单位绩效评估体系，主要包括指标体系构建、权重确定、评估细则制定等相关工作。

第三阶段实证检验：通过问卷、实地调查等方法搜集被纳入典型个案的训练单位相关评估指标的数据，对构建的绩效评估体系进行检验、调整和完善。最终根据评估结果得出结论，为各训练单位的未来发展提供对策和绩效评估工具。

第二章

训练单位绩效评估的理论基础与当前实践

- ◆ 第一节 绩效与绩效评估
- ◆ 第二节 运动训练单位绩效评估的发展趋势
- ◆ 第三节 训练单位绩效评估体系构建的三层次理论基础
- ◆ 第四节 现行训练单位绩效评估体系的元评估

第一节　绩效与绩效评估

一、绩　效

绩效（Performance）早前是出现于投资管理和项目管理中，随着社会发展与信息的传播，此概念得到更多的认可和广泛的应用。从语义层面看，"绩效"就是成绩和成效。站在不同的角度，绩效有不同的解释，从管理学角度看，绩效是组织期望的结果；从企业盈利的角度看，绩效就是企业的盈利情况；站在政府、非营利组织的角度看，绩效可以是行政成效、为人民提供公共服务所创造的效益等多元化的概念。由此可知，其实绩效是一个多维化的概念，随着人们对绩效理解的不断深化，目前对绩效有如下3类普遍认识。

第一类认为绩效是一种"过程或行为"①。具有代表性的观点包括墨菲的"绩效是与一个人在其中工作的组织或组织单元的目标有关的一组行为。"②。坎贝尔认为"绩效可以被看作是行为的同义词，它是人们采取的实际行动，且能够被观察到"③。第二类观点主要认为绩效是一种"结果"，绩效是产出、结果或成果的同义词，是工作任务的结果④。代表性的观点如Bernardin的"绩效应该界定为工作的结果，这些结果和组织战略目标、顾客满意感和投入的资金关系密切"。Bernardian亦因此提出了基于绩效式结果的工作绩效六维模型（质量、数量、事件、成本与效果、上级需求和人际影响）⑤。第三类观点认为，绩效除了"任务绩效"还应包括"关系绩效"，代表观点是Borman和Motowidlo提出的"关系绩效是为达成组织目标做出贡献的社会、组织以

---

① 牛成喆，李秀芬. 绩效管理的文献综述[J]. 甘肃科技纵横，2005（5）：88-103.
② Murphy, K.P.Dimensions of job performance. In R.F.Dillon & J.W. Pellegrion (Eds.), Testing: theoretical and applied Perspectives[C]. New York: Prager, 1989:218-247.
③ 石金涛. 绩效管理[M]. 北京：北京师范大学出版社，2006：3.
④ 阿吉里斯. 组织学习[M]. 北京：中国人民大学出版社，2004：89-92.
⑤ 理查德·S·威廉姆斯. 业绩管理[M]. 大连：东北财经大学出版社，2003：150-155.

及心理背景的支持"[1]。之所以对绩效是"结果和目标"这类看法提出挑战和进行完善，是因为，第一，很多工作结果不一定是行为带来的，往往也受到与工作无关的其他因素的作用；第二，员工或组织没有平等地完成工作的机会，且在工作中的表现并非都与完成工作任务有关；第三，过分强调结果会导致忽视重要的过程和人际因素，还可能在工作要求上产生误导[2]。

由于绩效概念的多维性，目前在实践中往往采用较宽泛的绩效概念，即将绩效理解为"行为"和"结果"两个方面的综合体：行为由从事工作的人或组织表现出来，将需完成的任务付诸实施，同时行为本身也是一种结果，是在完成目标中所付出的脑力和体力结果，并且能与结果分开来判断。将绩效定义为结果与行为的统一是很有意义的：结果让人知道员工做了什么，行为则让人知道员工是如何做的，好的绩效不仅包括好的结果，还取决于得到这样的结果所拥有的行为或素质等。因此，绩效是行为和结果的统一，能较好地解释管理实践中的实践情况，利于人们理解和接受绩效，同时还有利于绩效评估和管理[3]。从层次特征来看，绩效常分为个人绩效和组织绩效，本研究以训练单位绩效评估为研究对象，因此绩效层次主要是组织绩效。

二、绩效评估

其实"绩效评估"自古有之，如古代的"论功行赏"，但与现代社会正式广泛运用绩效评估这一概念相比，早前的绩效评估属于"非正式绩效评估"。据 Devris 等人考证，中国在公元三世纪就已经有了绩效考核[4]。绩效考核在工业领域出现要归功于罗伯特·欧文斯，他于 19 世纪初在苏格兰的工业领域进行了绩效评估[5]。早在 1813 年，美军就已经在军队中实行绩效考核，1842

---

[1] Borman,W.C.Motowidlo,S.J.A theory of individual different in task and contextual performance[J]. Human Performance, 1997(b), 10(2): 71-83.
[2] 董克用，李超平. 人力资源管理概论（第三版）[M]. 北京：中国人民大学出版社，2011，7：299.
[3] 石金涛. 绩效管理[M]. 北京：北京师范大学出版社，2006：3-9.
[4] Devris D.L, Morrison A M. Shullman S L. Gerlach M. Performance appraisal on the line, Greensboro, NC: Centre for creative leadership, Technical Report No.16, 1980.
[5] 杨杰，方俐洛，凌文铨. 关于绩效评价若干基本问题的思考[J]. 自然辩证法通讯，2001（2）：40-51.

年美国政府就开始对公务员进行绩效考核[①]。由此看来，自从产生了群体、组织，如何有效地调动个体和组织的积极性发现个体和组织的创造潜能，持续提高绩效水平一直以来就是管理者重视和研究的问题。但正如对绩效这个多维度概念有不同的理解，绩效评估也有多种解释，Kane 和 Lawler 认为，绩效评估是评估者对被评估对象一定时间内的表现加以综合得出的判断[②]。李华任，荣伟等认为绩效评估是组织定期对个人或单位的工作行为及业绩进行考核、评估和测度的一种正式制度[③]。章至远则对绩效评估做出了更普遍法界定：绩效评估是在实现目标或完成职能的过程中，依据可量化的指标对工作过程、结果、效率等各方面的评估[④]。

随着社会发展，绩效考核越来越成为企业、政府和非盈利组织管理工作中的重要环节，人们对绩效的评估实践也不断加深，除去早前"非正式绩效评估"的历史，近代的企业绩效评估大体可以分为如下三个阶段。

（1）财务绩效测量时期。

20 世纪 70 年代，源于企业盈利需求，企业以财务指标对各项活动进行评估，包括投入与产出、成本与效益、盈利能力和偿债能力等。这一时期绩效评估最大的特点就是仅仅将绩效当作单一维度的概念（财务）来理解。

（2）多维绩效测评时期。

到 21 世纪初，建立在财务单一维度的绩效评估已经力不从心，顾客、股东和企业相关权益者成为企业发展必须重视的成分，于是对绩效的评估从单一财务维度扩展到了多维度的综合性指标体系。

（3）系统绩效管理时期。

21 世纪，企业不断发展，对绩效管理的研究日益深入，成果日益丰富，对绩效的研究与实践已经不仅局限于对绩效的测量，而是围绕绩效的测量发展一整套包含绩效辅导、绩效沟通、绩效反馈等模块的完整体系。

---

① Raymond J Corsini, Concise Encyclopedia of Psychology. John & Wiley and Sons, Inc, 1987.
② Kane J S. Lawler E E, Performance appraisal effectiveness: Its assessment an determinants, In B.M. Staw(Ed.), Research in organizational behavior, Greenwich, Jai Press, 1979.
③ 李华，任荣伟，蒋小鹏. 360 度绩效评估法的运用及有效性分析[J]. 现代管理科学，2004（8）：33-34.
④ 章志远. 行政法学视野中的民营化[J]. 江苏社会科学，2005（4）：147-154.

第二节　运动训练单位绩效评估的发展趋势

一、运动训练管理的绩效评估

中华人民共和国成立以来，百废待兴，体育事业的发展同样如此。从成立中央人民政府体育运动委员会，制定奥运争光计划，形成举国体制优先发展竞技体育，到如今竞技体育与群众体育并举，从体育大国向体育强国迈进，中国体育取得了举世瞩目的成就。体育事业蓬勃发展，绩效评估在体育领域也相继普及，积累了体育行政管理的绩效评估、学校体育管理的绩效评估、社会体育服务的绩效评估、体育赛事管理绩效评估和运动训练管理绩效评估等研究成果。训练单位的绩效评估属于运动训练管理绩效评估，因此重点讨论运动训练管理绩效评估的研究现状。

运动训练管理绩效评估，是以运动训练管理系统作为评估对象，就其效益给予价值上的判断，它是完整的科学训练管理工作的一个重要环节，因此运动训练管理绩效评估就是根据一定的目标，通过系统地搜集信息资料，按照严格的科学程序，对训练管理效果做出价值判断的过程，它是对运动训练管理现状与目标之间的差距的判断，有效地促进被评对象不断达到预定的训练管理目标。关于运动训练管理绩效评估的意义，学者刘青做了如下归纳。运动训练管理绩效评估是一项基础性工作，通过评估来客观地检查被评估对象是否满足评估主体的需要和愿望，能否获得预期的社会效益和经济效益，督促被评估对象不断改进，进而能够实现多出人才，出优秀人才，提高运动水平等目标。除此之外，还能为运动训练管理者提供决策依据，包括：① 让管理者根据评估内容和标准不断修正与目标偏差的行为，使运动训练管理效果向预定目标趋近；② 鉴别运动训练工作的绩效，确定各项工作成绩，是对运动训练进行宏观控制的有效手段；③ 及时发现和诊断运动训练工作中的问题，为进一步改进提供依据；④ 提高训练管理效率，激励训练管理工作向更高级的目标进步[1]。

关于运动训练管理绩效的评估内容，学者秦椿林和张瑞林指出，我国运动训练体系中，根据管理对象将运动训练管理系统分为若干层次，遍布全国

---

[1] 刘青. 运动训练管理教程[M]. 北京：人民体育出版社，2007：175.

城乡的中小学运动队为基层，青少年业余体校和省、市体育运动学校为中层，省集训队、俱乐部和国家队为高层。各层次目的、任务不同，所以评估内容要依据评估目的和对象的具体层次来定，如基层学校的重点任务是人才输送，因此人才输送情况就是重要指标，而国家队的绩效评估就是以取得的运动成绩为主。同时，尽管我国训练管理系统中各层次的评估内容有所区别，但是对每个层次都有普遍意义的评估内容包括训练条件（人力、财力、物力等），训练过程（选材、队员生活管理、文化学习、训练时数等），以及训练效益（竞赛成绩、人才输送等）[1]。对运动训练管理效果的评估，学者常智在其《体育管理理论与实践》中提供了一个具有普遍参考意义的指标体系[2]，其具体内容如表2-1所示。

表2-1 运动训练管理评估指标体系

一级指标	二级指标	依据	权重	得分	小计分	合计分
训练队伍建设（权重0.2）	运动员选材	近几年选材成功率	0.1			
	运动员梯队	队员年龄结构与同规模运动队吻合情况	0.1			
		队员等级结构与同规模运动队相一致	0.1			
	运动员文化	是否有文化教学安排	0.1			
	运动员生活	餐饮标准	0.05			
		是否有严格的生活管理制度	0.05			
	教练员	教练与队员数量比例	0.05			
		教练职称结构	0.05			
		教练学历结构	0.05			
		教练培训情况	0.05			
	科研人员	配备运动训练需要的科研队伍	0.1			
	行政后勤人员	配备需要的行政后勤人员	0.1			

---

[1] 秦椿林，张瑞林. 体育管理学[M]. 北京：高等教育出版社，2002：150-151.
[2] 常智. 体育管理理论与实践[M]. 北京：北京师范大学出版社，2009：205-206.

续表

一级指标	二级指标	依据	权重	得分	小计分	合计分
运动训练状态（权重0.3）	训练计划	各种训练计划是否齐全	0.2			
		考察各种训练计划执行情况	0.15			
	训练时间	训练时间与保障是否合理	0.05			
	训练课质量	负荷是否合理	0.15			
		要求是否严格	0.1			
		手段、方法是否先进科学	0.15			
		队员积极性	0.1			
		教练控制训练的状况	0.05			
	训练总结	训练总结是否及时、完整	0.05			
训练效果（权重0.3）	竞赛成绩	查看竞赛成绩	0.4			
	输送情况	查看人才输送统计	0.3			
	精神文明获奖	查看精神文明获奖情况	0.1			
	学习成绩	文化课考试合格率	0.1			
	思想工作	查看思想工作或奖惩情况	0.1			
运动训练条件（权重0.2）	经费	经费状况	0.5			
	场馆	场馆器材的数量和质量	0.3			
	恢复设施	恢复性设施是否完备	0.2			
	体育经费	体育经费占学校教育经费的比例	0.4			
	图书资料	图书资料储藏数量	0.2			

此体系从评估内容来看，系统全面地涵盖了运动训练管理的各方面内容；从评估方法来看，需要评估主体成立专家组，进而对评估对象的具体情况进行评估。乒乓球后备人才训练单位绩效评估属于运动训练管理绩效评估的研究范畴，对于训练单位的绩效评估，要分清评估对象的层次，明确训练单位绩效评估的目的，借鉴上述研究成果，科学构建训练单位绩效评估体系。

二、运动训练管理绩效评估的发展趋势

运动训练管理的绩效评估是绩效评估在体育领域中的应用，属于绩效管理在体育管理事务中的扩散应用。事物的发展往往沿着从简单到复杂的轨迹，与绩效评估在企业经历了从单一财务维度测量到多维测量再到现在的系统绩效管理的发展历程类似，运动训练绩效评估也经历了从早期"成绩评估模式"到如今"综合评估模式"的发展过程。

（一）成绩评估模式

中国有自己特殊的国情，从中华人民共和国成立以来，我国运动训练管理工作的评估模式依旧在很大程度上以成绩为主，即以奖牌和运动成绩为主要评估标准的模式。这是长期在计划经济体制下，国家为了在短期内提升竞技体育国际地位，提高国家政治影响力而采取的特殊战略和管理方法。在这样的历史背景下，以全运会为主体的国内竞赛体制得以确立，以奥运争光战略为主体的国际竞赛体制得以实施，以竞技金字塔为模型的竞技体育人才输送体制就此建立。"竞赛是指挥棒"这句总结性的话语深刻反映了竞赛对选材、训练、管理和资金投向的导向作用，竞赛制度深刻影响着整个运动训练过程，对运动员的培养产生巨大的杠杆效应。竞赛的项目和规程对训练的内容、对象和规格都做出了相应的要求。因此，竞赛制度直接制约了训练管理体制的运转[1]。在这样的竞赛制度背景下，人们当然更加注重竞技体育的直接效益——运动成绩。争金夺银是各地体育工作的基本目标和导向，也是各级运动队训练管理的重要任务和目标，以成绩为主的评估模式就成为主流。

成绩评估模式的特点是注重直接效益，以运动成绩为目标也使训练管理工作导向清晰，能够更有计划地实施，具有较强的可操作性，也易于让人理解和接受。这种"达成度评估"也使评估标准更加简洁明了，具体评估过程就是查清楚运动训练工作产生了多少人才输送和竞赛成绩。但是，成绩评估模式也有缺陷和不足，具体体现在如下方面。过分将精力放在获取成绩和维持短期竞赛成绩容易助长急功近利的思想和投机倒把的行为，导致在人才培养过程中短期成绩方面投资过多，在未来长远价值的投资较少，使竞技体育

---

[1] 宋二斌，张淑臣. 略谈竞技体育的"金牌战略"[J]. 探索与求是，2001(5)：46.

人才培养缺乏后劲。中国社会新时期发生深刻转型,不适应社会对竞技体育发展提出的新要求,缺乏对创造未来价值的指导和评估,尤其是在体育创造无形社会效益,人才培养需要全面发展,提高社会适应力等方面,传统的成绩导向绩效评估已经显得捉襟见肘。过度重视运动成绩等可直接计量的因素而忽视了某些重要的非成绩指标。成绩评估和运动训练管理价值间存在矛盾,成绩评估模式建立在以成绩衡量投入价值产生的效益的基础上,忽视了人才培养随时间变化而产生的无形、有形价值的增值。传统成绩评估模式的局限性还表现在重结果的"秋后算账",轻过程的"适时评估",重局部"本位业绩",轻整体"组合效益"等方面。这些局限使得传统的成绩评估模式已经难以适应新形势下竞技体育发展的要求[①]。

(二)综合评估模式

"综合",出自《辞海》,意思是把各方面不同类别的事物组合在一起[②]。在邱东所的专著《多指标综合评价方法的系统分析》中,综合评价被界定为对一个相对复杂的事物做出全面、系统、客观的评价而采用的评价方法。不论评价还是评估,其实人类对事物的认识都是经过从单一到复杂的大致轨迹。一方面,传统运动训练绩效评估模式日益暴露出局限和不足对寻找一套更加科学全面的运动训练管理科学进行评估提出客观要求,另一方面,人类的各种认识活动越来越复杂,在评估实践中不仅注重结果,同时开始重视过程、长远利益等因素的"综合评估模式"不断发展起来。

综合评估模式具备如下特征:① 含有多个指标,就运动训练绩效而言,综合评估模式涵盖训练条件、训练过程和训练结果三方面的指标;② 综合评估中的各项指标分别说明受评对象的不同方面,指标之间往往是有不同量纲的,且不存在一个统一的同变量因素,即各项指标有着各自的性质和度量标准;③ 综合评估模式最终对被评估对象做出一个整体性判断,用一个指标来说明被评估对象的一般水平[③]。

运动训练是一项长期的复杂的系统工程。将金牌、奖牌等单一指标作为

---

① 王虹,赵刚,等.金牌真的那么重要吗[J].教书与育人,2008(8):23.
② 辞海(缩印本)[M].上海:上海辞书出版社,1979:1184.
③ 邱东所.多指标综合评价方法的系统分析[M].北京:中国统计出版社,1991:8.

训练工作的唯一目标，在竞技体育"唯一性、排他性"的掩护下无可厚非，也是不争的事实[①]。只是基于运动成绩的评估模式已经难以适应时代发展，运动训练绩效的综合评估能使各级体育行政部门进行宏观指导、信息反馈，使运动训练、竞技体育后备人才培养等工作更加规范化、人性化和科学化。因此，是新时期运动训练单位绩效评估的发展方向。

第三节 训练单位绩效评估体系构建的三层次理论基础

训练单位绩效评估归根到底是乒乓球竞技后备人才培养的评估，这与教育评估有很大的交集和类似之处。随着国家对训练单位的管理和建设不断深化，同时评估对象本身以及社会对评估结果的科学性要求也会提高，这些因素必将对训练单位的评估提出越来越高的要求，促使训练单位的评估需要哲学、教育学、系统科学、数学和管理科学等众多学科知识的支撑。正如教育评估专家张伟江教授指出的："教育评估是一门科学，包含丰富的理论与技术，要从系统论的角度，采用多学科交叉合作的方式来研究教育评估。"[②]

因此，相关评估理论的提炼，使训练单位绩效评估吸取以上述科学知识作为自身实践的理论指导，有助于评估向多学科综合、交叉的模式发展，提高训练单位绩效评估的科学性。按照理论发挥指导作用的不同层次，本研究探索的训练单位绩效评估体系构建最主要的理论基础体系可以概括为：以系统科学为宏观指导，以评估指标体系构建理论为中观指导，以具体绩效评估理论和方法为微观依据的三层次理论体系。这个三层次的理论体系层层衔接，联系紧密，可以将训练单位绩效评估从宏观把控到中观指导再到微观实现逐一贯彻。

---

① 肖天. 对竞技体育特殊性的认识[J]. 国家体育总局：体育工作通讯，2004（3）：41.
② 张伟江. 教育评估是门科学[J]. 中国高等教育评估，2007（1）：2.

一、宏观理论基础 —— 系统科学

训练单位绩效评估，不论是进行理论构建还是实践探索，都不可避免地要从系统论寻求指导。系统科学认为，系统是具有特定功能的、相互具有有机联系的许多要素构成的一个整体[①]。一般系统具有集合性、相关性、层次性、整体性和目的性等性质，一个系统的任何一部分都可以被当作一个子系统，而每一个系统又能够成为一个更大规模系统的一部分。从整体性角度看，任何系统内部都存在着各环节（或要素）之间的相互联系和作用，这是系统的核心。在对训练单位绩效评估进行系统分析时，就要把系统的整体联系考虑在内，在系统整体功能的基础上去组织各环节（或要素）的相互活动，在各环节相互依赖和制约的关系中探索系统运行的特征和规律。从功能性角度讲，训练单位绩效评估实践的存在依据和衡量标准，就是评估实践是否能够以及从多大程度上反映出训练单位的绩效状况，并对推动训练单位科学发展，紧扣"以评促建"的训练单位绩效评估核心价值取向作贡献。从适应性角度来看，系统论对训练单位绩效评估也有重要指导意义：任何一个系统都处在一定的环境中，受环境的制约。一个理想的开放性系统定可以与其外部环境保持适应状态，不能适应环境的系统将会是一个萎缩的，甚至消亡的系统。训练单位作为乒乓球后备人才培养的场所，需要适应中国社会深刻转型的大环境才能继续发挥体制优势，在稳步建设传统三级人才输送网络的主体下积极探索社会力量等人才培养的新模式，训练单位的运动员未来不仅要能为中国乒乓球事业争金夺银，同时还要适应社会对运动员思想、文化素质全面发展的要求，否则目前出现的后备人才萎缩、选材困难、生源不足等重大问题将进一步导致后备人才培养系统的萎缩。从最优化角度讲，系统理论中要素相互区别联系，为训练单位绩效评估的可靠性提供理论依据：对训练单位绩效评估的问题进行分析时，要明确训练单位人才培养的投入、培养过程和培养结果等各环节构成了系统总体，同时这些环节内部有自己的矛盾，不能完全混为一谈，而是运用系统的观点去找寻各环节的问题并提出针对性的建议和决策方案。同时，任何系统都有存在的目的，不存在没有明确目的的系统：训练单位存在的主要目的就是多层次的乒乓球竞技后备人才培养，训练单位系统内部各子系统的目标，如有限经费的合理分配，需要满足训练竞赛的需

---

① 汪应洛. 系统工程理论、方法与应用[M]. 北京：高等教育出版社，1992：2.

要、场地器材的需要，也要满足教练员培训提高的需要，再如运动员学训矛盾的解决问题等。即是说，系统的全局目标想要得以实现，就需要在系统内部各子系统的分目标之间寻求平衡，从而让最终目标获得较大的收益。

可以说，系统论在一定意义上是训练单位绩效评估根本意义上的理论基础，训练单位绩效评估实践这一复杂的问题，需要以系统论的科学方法来分析、抽象、构建和处理这个复杂系统，从而更加全面和客观地对训练单位进行科学合理的评估，系统科学的理论、思想和方法将渗透和贯穿于整个训练单位绩效评估的研究中。

二、中观理论基础——评估体系构建的相关理论

（一）评估概念简述

评估（Evaluation），在实践中也称为评鉴、评审等，是指评估主体根据一定目的，依照一定的标准，采用有效的方法和手段来衡量评估客体的价值的过程，简言之，评估就是价值判断的过程[1]。由此可以看出，评估需要有评估主体和客体；评估是有目的的活动，通常是为决策提供依据；评估需要标准，这是实施价值判断的标尺；评估需要科学有效的方法才能保证评估结果是科学合理的；价值是指哲学意义上一般价值概念，即评估客体具有的属性与评估主体的需要之间有一种特定的关系，主体的需要构成价值的客观基础，客体的属性是形成价值的前提，价值表示客体的属性在多大程度上满足主体的需要[2]。

从评估的实施过程来看，通常评估可分为三个阶段：评估分析、评估设计和评估实施。每个阶段有各自不同的任务，评估分析阶段主要是明确评估的指导性问题，如确定评估主体和评估客体，认识目前的评估工作的优点和不足（元评估）。评估设计阶段则是在评估分析的基础上，进行评估指标体系的构建、优化，评估方法的选择等技术性工作。评估实施阶段则是依据评估设计构建的评估体系进行信息采集，对各项指标原始数值进行数学处理，进

---

[1] 冯晖. 教育评估计算学[M]. 上海市教育评估院组织编写. 北京：高等教育出版社，2012：1.

[2] 孙广华. 从系统观看科学价值评价[J]. 系统辩证学学报，2000（2）：69-71+76.

而对各项指标的价值完成判断,最后得出评估结果。训练单位绩效评估是评估相关理论在乒乓球后备人才训练单位评估中的具体应用,因此,遵循评估体系构建的理论,以此作为坚实的指导才能让训练单位绩效评估体系的构建更加科学合理和规范,有助于未来的横向扩充和纵向提高。

(二)评估设计的相关理论基础

评估设计主要涉及各类技术性问题,其核心是评估指标体系的构建问题,因为评估指标体系将评估对象的描述、评估目的与导向集于一身,同时也决定了评估对象各项数据的采集方式和评估结果的计算合成。所以,构建科学合理的评估指标体系是训练单位绩效评估实践的基础和关键,主要的理论基础包括:评估指标体系的层次结构、评估指标的构成要素、评估指标的分类、指标体系的构建原则、指标体系初步构建的要点和方法、指标体系优化的要点和方法、指标体系检验的要点和方法等。

1. 评估指标体系的层次结构

评估是对评估对象进行价值判断的活动,可通常情况下,评估对象的总价值常常难以用单一的一个或几个指标来笼统地衡量,因此,一般是构建能反映评估对象各个重要方面的评估体系。训练单位作为评估客体,是一个复杂的系统,其绩效评估涉及到运动员质量、训练设施、办训经费、教练队伍、人才输送和竞赛成绩等;而仅教练队伍又涉及教练队伍建设成效、教练队伍规模、工作和学习经历、职称结构等;仅运动员培养就涉及到运动员的文化学习水平、训练水平、德育工作等。对这样一个复杂系统构建评估指标体系并不容易,更需要将复杂问题按层次结构进行合理地抽象、简化,从而抓住关键,对训练单位绩效评估这个复杂系统进行研究。

依宏观的理论指导,按系统科学的观点,系统的功能和目标能被分解成若干互不相交的子系统,每个子系统也可以继续分解。因此评估理论通常根据评估目标,按照自上而下、由全局到局部的顺序将评估对象分解为若干层次,各层次又被分解成若干要素,低层次的要素隶属和支撑高层次,高层次包含和支配低层次。如此一来,评估对象就被分解成多个构成要素,每个要素从不同层面和角度来刻画评估对象的属性。这些具有上下层次关系和左右并列关系的要素就构成了评估指标体系最常见的结构——树状层次结构,如图2-1所示。

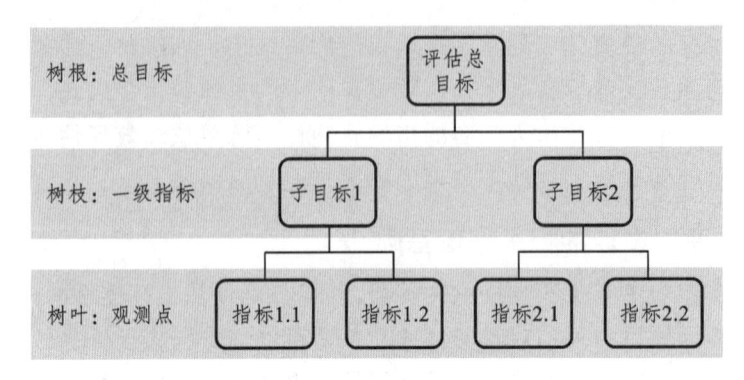

```
树根：总目标          评估总目标
树枝：一级指标    子目标1      子目标2
树叶：观测点   指标1.1 指标1.2  指标2.1 指标2.2
```

图 2-1　指标体系的树状层次结构

树状层次结构的树根对应着评估总目标，树枝是中间的节点，对应着各项子目标，树叶则是可以直接描述、测量和进行价值判断的要素，即具体观测点。以树状结构为指标，将训练单位绩效评估复杂系统进行分解，能够按照训练单位的功能和目标，清楚地抽象和反映出训练单位各个子系统及构成要素间的支配关系，各最底层要素的价值判断经过自下而上对评估总目标的贡献进行汇总，就能实现评估的总目标。

2. 评估指标的构成要素

反映评估对象每一个方面的要素就是评估指标，每项评估指标均包括指标的内涵、重要程度和评估基准三个方面。

（1）指标内涵。

指标内涵是评估指标的实质含义，是对评估对象分解的结果，是将评估对象总价值转化为各项构成要素的价值评判工作的重要载体。在训练单位绩效评估实践中，为了保证各项评估指标数据采集的准确性和可靠性，对于指标的内涵需要详细说明，例如，"教练团队的稳定性"究竟指专职、兼职、外聘教练员的比例？还是以专职、兼职、外聘教练员的平均在职年限来界定？如果对这项指标的内涵界定不清，就会导致数据采集工作的混乱，导致评估结果客观性下降。

（2）指标的重要程度。

指标的重要程度即权重。虽然各项指标的内涵实现了将评估对象的属性和功能逐层分解，但是各项指标之间对评估对象总价值的贡献和地位往往是有差异的，例如，对训练单位的绩效评估来说，乒乓球竞技后备人才的培养是最重要的本质任务,因此人才输送和竞赛成绩比教练员精神文明获奖重要,而对处于 8～13 岁的后备人才培养的定位来讲,人才输送比竞赛成绩更重要。所以指标的权重能够更加精细地体现出指标体系中各项指标的作用,在最终合成评估对象总价值的计算中起到重要的导向作用,如果指标的权重确定不够合理,将严重影响评估模型计算结果的合理性。

(3)指标的评估基准。

要对指标进行价值判断,就需要为每个指标设立一个价值判断的尺度,这个价值判断的参照系就是评估基准。根据参照系与评估对象的关系分类,评估基准包括相对基准、个体内差异基准和绝对基准,这三种基准自然就对应了相对评估、个体内差异评估和绝对评估。

相对基准是根据一组评估对象的实际情况来制订评估参照系,常规做法是从参与评估的对象中选一个或几个作为评估基准,然后把每个评估对象与这些选中的基准进行比较来确定价值量大小。例如,假设想要通过"二级运动员数量"来体现训练单位后备人才培养的整体水平,那么一个训练单位中到底需要有多少个二级运动员才能表明该单位后备人才的培养水平是优秀、良好或及格?这样的绝对标准就很难制订,何况在宏观层面国家对二级运动员的总量也有控制,仅从反映后备人才整体培养水平的角度来说,"二级运动员数量"的数据是越多越好的。相对基准有两个局限,第一是参照相对基准得出的价值判断只是该评估对象在参与评估的所有对象中的相对价值,如果换一批评估对象,则相对评估基准很可能又发生变化;第二,相对评估基准需要同时有相当数量的对象参与评估,如果只有一个评估对象,那么相对基准就缺乏实际意义了。

个体内差异基准是以某个特定评估对象过去某个时间点的状态为参照系,将该评估对象另一个时间点的状态进行比较来确定价值量大小,所以这种基准主要用于个体纵向的发展性评估。

绝对基准是根据特定目标和准则制订的评判标准,与评估对象的实际情况无关。每个评估对象直接与绝对基准进行对照从而确定自身价值量。绝对基准又有客观绝对基准和主观绝对基准之分。客观绝对基准是指评估基准以数值的形式严格准确地给出了指标价值评判的参照系,例如对训练单位"运动员身体素质"的价值评判,就可以根据《中国乒乓球青少年训练教学大纲》中制订的绝对标准为运动员的身体素质进行打分。客观绝对基准不依赖专家评判，而是依据评估对象自身的实际情况来得到评估的价值判断，因此比较客观。主观绝对基准是相对客观绝对基准而言的，即指标价值评判的参照系是通过模糊的语言描述给定的，如现行评估体系中对学生接受教育情况的评估基准设定是"学生接受正常的教育"这一类模糊的语言，依赖专家的主观判断。

不论主观还是客观绝对基准，一旦设定了绝对基准，就可以对每个评估对象的各项指标按照绝对基准完成价值判断，再合成总价值。评估对象的总价值不受其他评估对象的影响，就算只有一个评估对象，也同样可以开展评估。因此，对于训练单位绩效评估而言，最好是能够建立以客观评估基准为主的评估体系，这样能使评估体系的客观性和适用性大大提高。

3. 评估指标的类型

系统科学中将评估指标分为政策性指标、技术性指标、经济性指标、社会学指标、资源性指标和时间性指标[①]。在评估实践中可以根据不同角度和标准将指标分为不同类型，鉴于训练单位绩效评估主要探讨评估对象总价值问题，因此这里着重说明按照"指标属性值大小与评估对象总价值的关系"这一角度，将训练单位绩效评估的指标分为效益型指标、成本型指标和适中型指标。

（1）效益型指标。

效益型指标就是指标属性值越大，该指标对总价值贡献越大的指标，即所谓的高优指标。如训练单位绩效评估中涉及的"运动员规模""人才输送""竞赛成绩""训练经费满足训练需要的程度""教练员工作满意度""运动员文化水平"等。

（2）成本型指标。

与效益型指标相反，成本型指标就是当指标属性值越小，则该指标对评估对象总价值贡献越大的指标，即所谓的低优指标。如"教练违纪现象次数""参赛假年龄现象次数"等。

（3）适中型指标。

适中型指标指当指标的属性值处在一个理想区间内时对评估总价值有最大贡献，当指标属性值过大或过小都会降低价值的指标，即所谓的区间型指

---

① 许国志. 系统科学[M]. 上海：上海科技教育出版社，2000：372.

标。如"人均球台数量""教练员与运动员比例"等。

指标的类型决定了评估基准的设计，所以训练单位绩效评估体系构建时，需要对各项指标正确分类，这样才能对各项指标做出正确的价值判断，提高评估的合理性。

4. 评估指标体系的构建原则

评估指标体系是评估工作的核心，既描述评估对象的主要特征，又体现评估目的与导向，同时也决定了评估对象的数据采集方式[①]。C. E. Schneier 等人在研究"成功构建绩效评估体系"时提出，关键是要抓住工作的本质，绩效评估并非把所有方面全部量化才是客观，而是要避免评估过程中的主观臆断和测量的偏差[②]。因此，构建科学合理的评估指标体系是乒乓球后备人才训练单位评估实践的基础，也是保证评估结果科学性的关键，这就需要遵循评估指标体系构建原则。通常，构建评估指标体系需要遵循方向性、完备性、简约性、独立性、可测性、可比性和次优性等原则。按照上述原则，结合实地调研和相关文献对乒乓球后备人才训练单位的了解，本研究在评估指标体系构建过程中遵循如下原则。

（1）方向性原则。

评估是一种目的驱动的活动，因此指标体系要体现评估的目的与政策方针，突出评估的导向，因为就算指标能够反映出评估对象的属性和特征，但基于不同的评估导向，对同样的评估对象所构建的指标体系也会不同。所以，训练单位绩效评估的指标要服务于目标，有的指标的确能反映训练单位的特征，如"环境绿化"，但对于绩效评估来讲，这类与评估总目标的关系较弱的指标就不是关键的方面。

（2）完备性原则。

评估对象通常由诸多要素构成的复杂系统，要对其主要特征和属性进行刻画和描述，就需要指标体系中各项指标在相互配合中从整体上实现评估的总目标，从而避免以偏概全。

（3）简约性原则。

[①] 冯晖. 教育评估计算学[M]. 上海市教育评估院组织编写. 北京：高等教育出版社，2012.4：47.

[②] Schneier C E, Beatly R W, Baired C S. The performance management sourcebook. Human resource development press, Inc., 1987.

评估指标体系要力求简明扼要，降低评估工作的复杂性和评估成本。同时，不同的评估组织者对同样的评估对象所构建的评估指标体系都会相差甚远，评估标准往往也是模糊不清的，数据合成模型也可以有多种选择。因此，在评估实践中存在很多不确定因素，如果在无碍大局的不确定因素上纠缠，反而会降低评估结果的合理性。简约性原则要求层次结构尽量扁平，通常二级指标或三级指标就是观测点。同时要求在保证精度的前提下，尽量剔除次要指标，突出重点，避免指标过多而使得重要指标的权重减小，力求通过有限个主要指标在整体上体现评估对象的总价值。简约性原则和完备性原则是一对矛盾，训练单位绩效评估指标体系构建过程中要把握好这对矛盾的平衡点，如果指标过多，会降低评估实践的可行性，指标数量过少则无法较好地反映训练对象的特征。

（4）独立性原则。

独立性指同一层次的各项指标之间相互独立，没有包含关系，避免指标的重复和冗余。所以，在训练单位绩效评估体系构建中，要尽量避免一项指标包含另一项指标，或者从一项指标能够导出另一项指标的情况，否则重复的指标在评估中对训练单位总价值的贡献被重复累计，实质上是加大了这一类指标在体系中的重要性，从而影响结果的科学性。

（5）可测性原则。

通常难以对评估对象的总价值进行直接评判，因此按照系统科学的方法将评估总目标自上而下分解为若干要素，以此建立指标体系，实现对总目标的分解，并最终通过对各项分解后的指标进行合成加总完成评估。即，评估指标体系是将一个抽象的目标具体化，把不可测量的目标可测化，这就要求指标体系最底层的指标是直接可测的，对客观指标可以直接测定其价值，主观指标可以人为评判其价值。

（6）可比性原则。

可比性是指根据评估体系中各项指标能够测定不同评估对象，实现不同评估对象间的比较。所以，训练单位绩效评估指标体系中各项指标要能反映各训练单位间的共同属性。

（7）次优性原则。

评估实践中采用的指标体系一般不可能是完美的、最优的，而是在满足客观需求情况下的次优方案。

坚持上述这些评估指标体系构建的基本原则，将为训练单位绩效评估体系构建的科学性提供保障。

5. 评估指标体系的构建方法

评估指标体系构建有多种方法，总的来说分为两大类：以主观评判为基础的，包括文献分析法、德尔菲法、层次分析法和头脑风暴等；第二大类以客观评判为基础，常见的方法是因子分析、主成分分析以及聚类分析等建立在统计分析生成的结果之上来完成指标体系的构建。指标体系的构建过程一般包括初拟指标、指标的筛选以及最终的试验修订三大阶段。每个阶段通常都结合文献分析法、德尔菲法以及头脑风暴等多种方法，目前较普遍的模式是通过文献分析法，在前人理论和研究的基础上构建一级指标，运用头脑风暴或德尔菲法进而构建二级指标，而后根据情况选用相应的方法（如层次分析法、主成分分析法）确定权重。

本研究选择德尔菲法进行指标体系构建的方法是因为，从客观条件来讲，基于统计分析生成结果的方法需要大量指标的客观数据为基础，才能从客观数据中通过因子分析或聚类分析等方法找出各底层指标中的共同影响因子，进而完成高层指标的构建，由于乒乓球后备人才训练单位的绩效评估历史较短，完备的数据库亦未建立，评估的大部分工作处于初步探索阶段，并不具备以客观评判为基础的指标体系构建条件。再者，从方法使用的角度讲，德尔菲法作为构建评估指标体系最常用的方法之一，能够通过有控制的、匿名的方式，问卷的形式向专家提出咨询，充分发挥专家知识和经验的作用，同时，德尔菲法的反馈机制让专家的意见不断收敛和趋于一致，能够得到可靠的结果。因此，从客观条件和研究方法的有效性综合考虑，本研究根据德尔菲法使用的原则和要点，集成"焦点小组访谈法""半数原则筛选法""秩和比法"和"层次分析法"为德尔菲法数据采集和处理的具体方法，进行指标体系构建。

6. 评估指标体系构建流程

评估体系构建的理论中，常把评估指标体系的构建分为四个阶段：初拟指标体系，指标体系优化（指标筛选），指标权重确定和试验修订。

（1）初拟指标体系。

依照评估目的，按照系统科学的指导，将评估对象自上而下逐级分解为隶属关系清晰的各项指标。初拟指标体系的构建常建立在文献分析、专家咨询的基础上，力求初拟指标体系的完备性和全面性，不要遗漏反映评估对象属性的重要指标。本研究基于文献资料法和德尔菲法，以平衡计分卡对绩效进行分解的 4 个维度构建了含有 4 个一级指标，52 个二级指标以及二级指标具体观测点的训练单位绩效评估初拟指标体系，详情将在后文具体阐述。

（2）指标体系优化（指标筛选）。

通常指对初步构建的指标体系进行适当的合并和筛选，如果说初拟体系阶段是完成指标的发散性搜集和汇总，那么筛选指标阶段则是指标的收敛和聚焦。因为初步构建的体系一般较庞大而全面，体系中某些指标可能难以实现信息采集，某些指标可能并不适用，普适性和代表性不足，而还有的指标可能重要性较低，还有一些指标存在重复和交叉等问题。这就需要对指标进行精简，让整个指标体系更好地去体现评估对象的本质特征，提高评估的可行性。指标的筛选通常是先进行粗略的筛选，再进行更加精细的筛选。本研究遵循指标筛选由粗到精的常规做法，首先按照"半数原则"根据专家对众多指标的选中率进行粗筛选，删除选中率低于 0.5 的指标，进而对剩余的指标进行进一步筛选。

按照数据统计处理是否需要满足正态分布的前提条件，研究者通过德尔菲法引导专家组进行指标精筛选的方法可以分为参数方法和非参数方法。参数方法通常是请专家对各项指标的重要性打分（5 级评分、10 级评分、百分制等），统计处理时根据各项指标最后的总得分求各项指标的平均分，平均分越大，说明该指标越重要。参数型方法的优点是能够精确量化专家对各项指标的重要性评价，缺点是具有指标评估重要性等级无数目限制的特点。例如，极端例子中，专家一项一项评估指标重要性时认为每一项指标都很重要，并为所有指标都赋予较高的甚至接近满分的分值，最终可能导致各项指标的评分结果平均分都较高，无法明确分辨出最重要的指标。再者，参数型方法要求数据的分布接近正态分布，即样本量足够大，这就需要有足够数量（大于等于 30）的专家进行支持，才能较有效地对专家咨询结果进行统计处理。非参数方法，则不要求数据满足正态分布的条件，具有简明性，同时没有参数方法重要性等级无数目限制的特点。因此，为了简便且有效地对训练单位评估体系各维度下的指标进行筛选，本研究选取集合古典的参数统计和近代非参数统计各自优势的秩和比法进行两轮指标精筛选。

首先请专家对各项指标进行重要性排序，即编秩。专家组意见的处理属于典型的"群组决策",这就必然存在群组决策意见一致性的问题。根据秩和比方法的特征,专家组意见的数据类型是各项指标的秩次排序,属于定序变量,因而选用针对这类问题最常用和有效的肯德尔和谐系数(Kendall's concordance coefficient)进行一致性检验。肯德尔和谐系数的作用是检验多个评估者对多个观察对象或观察指标的评估结果是否具有一致性[1]。其检验统计量为:

$$W = \frac{s}{\frac{1}{12}M^2(N^3 - N)} \quad (2\text{-}1)$$

式中,

$$s = \sum_{i=1}^{N} R_i - \frac{\left(\sum_{i=1}^{N} R_i\right)^2}{N} \quad (2\text{-}2)$$

M 指代评估者的数量;N 指代被等级评估对象或指标的数目;R_i 表示第 i 个受评对象或指标的 K 个等级(数量)和。肯德尔和谐系数 W 取值范围是 0 到 1 之间的闭区间,W 越趋近 1 表示 M 个评估者的意见越一致。

统计学处理德尔菲法所得结果是构建指标体系过程中决定指标删除、保留、修改和继续咨询的依据,但是对于专家意见的一致性到底达到什么水平是没有绝对统一标准的[2]。目前学界对肯德尔和谐系数的阈值也并不存在明确的界定[3]。因此,通常来讲,只要肯德尔和谐系数通过相应的显著性检验,则数值越接近 1 越好。本研究将肯德尔和谐系数的阈值设定为 0.8,只要专家组意见通过一致性检验(95%置信区间)且肯德尔和谐系数大于 0.8,则视为专家组意见达成一致,可以进行下一步秩和比计算的数据处理。

当专家组意见通过了一致性检验后,则可以根据秩和比法统计处理专家组对各项指标综合排序的情况作为指标精筛选的依据。其理论依据如下:假

---

[1] 程琮,刘一志,王如德. Kendall 协调系数 W 检验及其 SPSS 实现[J]. 泰山医学院学报,2010(7): 487-490.

[2] Moreno-Casbas T, Martin-Arribas C, Orts-Cortes I, et al. Identification of priorities for nursing research in Spain: a Delphi study[J] J Adv Nurs, 2001, 35(6): 857-863; Hasson F, Keeney S, Mckenna H. Research guidelines for the Delphi survey technique[J]. Adv Nurs, 2000, 32(4): 1008-1015.

[3] 宋子昀,王伟玲. 基于肯德尔 W 系数的综合评教方法[J]. 广东水利电力职业技术学院学报,2013(4): 44-47.

设有 m 位专家对 n 项指标给出了重要性秩次，经过核对、修正和调整后，以 a_{ij} 表示第 j 位专家对指标 i 的新序号，则 a_{ij} 的取值范围在 1 到 n 之间。不管专家的原始排序中是否存在秩次相同的排序，每个专家对所有指标的重要性排序结果，其规格化的秩和均为常数，即有

$$\sum_{i=1}^{n} a_{ij} = 1+2+3+\cdots+n = \frac{n(n+1)}{2} \qquad (2\text{-}3)$$

将每一位专家对指标 i 给出的秩次号 a_{ij} 之和记作 R_i，则有

$$R_i = \sum_{j=1}^{m} a_{ij} \qquad (2\text{-}4)$$

由此可知，R_i 越小，表示专家普遍认为指标 i 很重要，即指标秩次的大小与其重要性呈反比例关系。统计处理中为了便于计算各项指标的相对重要性（即权重），通过构建 $b_{ij} = n+1-a_{ij}$ 来进行秩次的转换，使得 a_{ij} 越小，b_{ij} 越大。记 Q_i 是专家对指标 i 的秩次 a_{ij} 的转化结果 b_{ij} 之和，则有

$$Q_i = \sum_{j=1}^{m} b_{ij} = \sum_{j=1}^{m} n+1-a_{ij} = m(n+1)-R_i \qquad (2\text{-}5)$$

转换之后的 Q_i 越大，说明专家组意见认为指标 i 越重要，也就可以用此秩次之和除以 Q_i 在所有指标中秩次和之中所占的比例作为其相对重要性，即秩和比 W_i，其计算公式和化简结果如式（2-6）所示。

$$W_i = \frac{Q_i}{\sum_{i=1}^{n} Q_i} = \frac{m(n+1)-R_i}{mn(n+1)-\sum_{i=1}^{n}\sum_{j=1}^{m} a_{ij}} = \frac{2[m(n+1)-R_i]}{mn(n+1)} \qquad (2\text{-}6)$$

通常情况下，若指标的秩和比计算结果小于 0.1，则视为该指标在其所属一级指标下与其他指标的比较中重要度不足，删除该指标，反之，则保留秩和比大于 0.1 的指标。

（3）确定指标权重。

指标权重的确定，即确定各项指标对总评估目的的相对重要程度。确定权重的方法也有很多种。如德尔菲法、层次分析法、因子分析、主成分分析等。本研究采用层次分析法（AHP）进行权重确定，主要依据如下：

① 方法公认：AHP 方法具有运用广泛、理论成熟、获得公认等诸多优点。

② 符合研究需要：AHP 方法符合系统论原则、综合分析问题，同时能够很好地与平衡计分卡理论框架相融合，满足定性定量相结合的研究需要，上承宏观系统理论，下接微观平衡计分卡框架，让训练单位绩效评估各层次理论体系联系紧密。

③ 符合客观条件：乒乓球后备人才训练单位绩效评估的研究刚起步，并没有大量现成数据，基于客观数据进行指标体系构建和权重确定的方法无法使用，因此选择能与德尔菲法相融合，集成专家群体智慧进行判断和决策的 AHP 方法。

④ 简便易行：AHP 方法易于理解，专家填答方便。同时得益于计算机硬件和软件的高速发展，如 Super Decisions 和 YaAHP 软件的问世极大降低了 AHP 方法的使用门槛。

⑤ 成功先例：有相当一部分研究将层次分析法（AHP）与平衡计分卡（BSC）结合起来评价企业绩效[①]。同时，体育领域目前也有基于 BSC+AHP 的代表性成果，如于可红的《高校高水平运动队绩效评估指标体系研究》，耿宝权的《基于平衡计分卡的大型体育场馆运营绩效评价研究》，牛建军的《基于平衡计分卡的体育行政绩效评价指标体系的建立》以及刘芳梅的《我国青少年体育俱乐部绩效管理体系的构建——以平衡计分卡为理论视角》等成果。

⑥ 结果可靠：为了避免 AHP 方法基于个人主观经验进行判断的随意性，研究通过专家群组决策的方法提高可靠性，具体体现在专家组数据的计算方法选择上。

本研究采取评分几何平均的计算方法对专家组构建的判断矩阵进行数据处理。其计算原理如下，设某评判者 k 对某项指标的 n 个下层同类对象评判的判断矩阵的形式如式（2-7）所示。

$$A^{(k)} = \begin{pmatrix} a_{11}^{(k)} & a_{12}^{(k)} & \cdots & a_{1n}^{(k)} \\ a_{21}^{(k)} & a_{22}^{(k)} & \cdots & a_{2n}^{(k)} \\ \vdots & \vdots & & \vdots \\ a_{n1}^{(k)} & a_{n2}^{(k)} & \cdots & a_{nn}^{(k)} \end{pmatrix} \quad (2-7)$$

[①] 朱伟民，万迪昉. 面向企业业绩评价的均衡记分卡层次分析[J]. 系统工程，2001（6）：45-50.

其中，$a_{ij}^{(k)} = \dfrac{1}{a_{ji}^{(k)}}$，即满足"正互反矩阵的条件"；$a_{ii}^{(k)} = 1$，即满足"某个元素自身与自身比较，其重要性相同"的条件；$i,j = 1,2,3,\cdots,n$。

如果有 m 位评判者，则会得到 m 个判断矩阵，评分几何平均法就是将各评判者对各元素的评分 $a_{ij}^{(k)}$ 取几何平均值，如式（2-8）所示。

$$a_{ij} = \left(\prod_{k=1}^{m} a_{ij}^{(k)} \right)^{\frac{1}{m}} \qquad (2\text{-}8)$$

AHP群组决策最常规的数据处理方法有三种：评分算术平均法、评分几何平均法和权重算术平均法。评分算术评分法的计算比较简单，但在理论上有较大缺陷，不能较好地保证判断矩阵的正互反性，容易破坏矩阵的相容性和整体性。评分几何平均法在算法上保持了算术平均法的简便性，只是对群组数据的汇总方式改成了几何平均。这种计算方法可以省去对每一个专家判断矩阵一致性的检验，即只需对群组决策最终通过几何平均集结的新矩阵进行一次一致性检验即可。理论研究也表明，评分几何平均法能够较好地保证判断矩阵的正互反性，其准确性与科学性比评分算术平均法要高很多。同时也有研究证明，评分几何平均法与权重算术平均法计算结果是一致的，因此研究采用目前较主流和可靠的评分几何法进行处理，提高可靠性[①]。

（4）试验修订。

试验修订就是在评估体系构建完成后，选择适当的评估对象进行试评估，以检测评估体系的可行性和科学性，并对不合理的地方进行完善。实践是检验真理的唯一标准，对于训练单位绩效评估体系的构建，也将按照评估指标体系构建的普遍流程，从初拟体系到优化体系，最后试验修订，从而让通过实证检验的评估体系能够投入正式的使用当中。

（三）评估实施的相关理论基础

训练单位绩效评估的实施主要涉及指标属性值的确定，各项评估指标属性值的规范化处理，各项指标的价值判断以及综合评估结果的数据合成问题。

---

① 刘新宪，朱道立. 选择与判断[M]. 上海：上海科学普及出版社，1990：44-45.

1. 指标属性值的确定方法

指标属性值是依照评估对象的信息，真实、客观地反映评估对象某一项指标的价值。客观、公正的评估结果是建立在采集了充分、可靠的信息基础上的，因此各项指标属性值的确定非常关键。常用的评估信息采集方式有报表法、资料法和调查法等。

报表法就是评估的具体实施者依照评估体系各项指标的相关要求设计表格，通过评估对象填报相关信息，从而完成评估信息的采集。报表法只需在填表说明中清晰界定相关填报要求，所示是目前各类评估实践，如教育评估，政府部门评估中最常用的评估信息采集方法。报表法采集到的信息一般都较直接和准确，不足之处是需要对评估对象做大量的工作。国家体育总局乒羽中心对重点单位的中期考核评估就运用了报表法，本研究的评估体系构建也需充分利用报表法对相关评估信息进行采集。

资料法指评估工作者借助网络、相关数据库等资源，检索和查阅评估对象的相关评估信息。资料法最大的优点在于采集到的数据是权威部门建立的统计数据，其权威性和可靠性有保障，同时也不会增加评估对象的工作量；但不足之处是采集到的评估信息通常只是评估对象的一些基本状况的信息，如果对需要的特定信息并没有建立数据库，则需要另行采集。目前乒羽中心正在积极开发和建设重点训练单位的管理系统，整合相关数据，建立内容全面、真实可靠的基础数据库，为制定和实施相关政策提供信息服务。已经建成的后备人才文化测试数据库，教练员的注册、培训和报名系统和正在建设的评估专家库等都将为训练单位绩效评估通过资料法获取有价值的评估信息提供渠道。

调查法，即评估工作者有目的和针对性地对评估对象进行实地考察，通过查阅资料、召开会议、问卷调查、个案访谈等方式采集评估信息的方法。调查法是评估工作者与评估对象在互动过程中获取信息，因此采集到的信息往往较全面和客观，但调查法的缺陷是比较费时费力。

上述三种指标属性值的确定方法既有区别又相互联系，同时每种方法有各自的优势和缺陷，在训练单位绩效评估实践中，只依靠某一种特点的方法往往难以搜集到全面、可靠的评估对象信息，因此需要根据评估指标的具体特点，采用合适的数据搜集方法，从而保证各项指标属性值的准确性和科学性。

2. 指标属性值标准化处理的必要性

在评估实践中，各项评估指标往往具有不同的内涵，各项指标的数据类型，物理意义也有较大差异，如果直接将评估信息搜集到的各项指标原始属性值直接相加，显然无法得到科学合理且有实际意义的评估结果。训练单位绩效评估指标体系中每一项指标自身的性质要求在评估实践中有着不同的数据采集方式，例如"人才输送得分"可以根据评估对象人才输送情况，根据相应标准计算出来；"运动员身体素质水平"涉及多项子指标的数据合成，同时其数据搜集需要通过相应的多项身体素质测试；"教练员薪酬满意率"则属于满意度调查，其数据就是教练员群体对薪酬满意程度的主观定性评级。显然无法将这些具有不同属性值的指标直接按照其属性值简单加总来得出对训练单位绩效评估综合结果的表达，这就需要通过效用函数对评估指标的属性值进行规范化处理，指标规范化的必要性原因可归纳如下。

不同指标的物理含义和量纲不同：具有不同物理意义的指标有其不同的量纲，如"中、高级教练员数量"的属性值（人数）和"文化测试成绩"（定距数据），不论是物理意义本身，还是具体数据都相差悬殊，直接代入加权平均合成公式是不符合客观事实的。

不同指标的类型不同：根据指标属性值大小与评估对象总价值之间的关系，指标分为效益型、成本型和适中型指标。如"竞赛成绩得分"就是效益型，得分越高越好；"人均球台数量"则是适中型指标，比值太大，球台闲置导致资源浪费，器材管理维护成本高，比值太小则无法满足训练所需导致训练效益下降。而从综合得分的合成公式来看，各项指标的权重 ω_i 均大于0，任何一项指标属性值增大时，评估对象的总价值就增大，即要求所有指标要属于效益型指标。所以，如果直接将效益型指标、成本型指标、适中型指标直接混合代入综合计算公式将无法科学合理地反映评估对象的总价值。

不同指标属性值的数据类型不同：数据类型有定类、定序、定距、定比四大类。例如"运动员训练比赛满意度"是用心理学量表测试后的分值来表示，属于定距数据。"教练员薪酬满意度"则是直接采用满意度调查的单条目问题，属于定序数据（非常满意/比较满意/一般/不满意/非常不满意）。不同的数据类型显然也不能直接代入综合计算公式直接合成。

指标属性值的赋值标准不同：对每一项指标都需要有一个价值评判的尺度，即评估基准。评估基准是价值评判的参照系，根据参照系与评估对象的关系，有绝对评估基准、相对评估基准和个体内差异基准，分别对应了绝对评估、相对评估和个体内差异评估三种评估方式[①]。所以，并非所有指标都是绝对评估才是最客观的，在训练单位绩效评估中也可能用到相对评估。如关于训练规模，很难界定运动员人数到底多少人算是优秀或良好，这时就需要依据调研情况，以调研了解到的运动员规模最大的单位和最小的单位为参照标准，其他单位则与参照系进行相对比较从而确定自身的位置和价值。

综上所述，综合评估中由于各项指标的不同特性，需要将指标的属性值转化为一个相对数据，然后才能进行合成从而得到评估对象的总价值，即需要指标规范化处理。

3. 指标属性值规范化处理的方法：效用函数

指标属性值规范化处理的目的是把不同量纲、不同特性、不同类型、不同赋值标准的指标属性值转化为没有量纲、特性和类型一致的相对数据，即进行指标属性值的规范化、无量纲化处理。规范化处理的方法是将指标的原始属性值 x 通过某种数学变换，转化为某一个区间内的相对数据 y：

$$y = f(x) \qquad (2\text{-}9)$$

通常 y 的取值范围为[0,1]，y 越接近 1，表示该项指标表现得越好或越强，对评估对象总价值的贡献越大，反之，y 越接近 0 则表示越差或越弱。此转换函数 $f(x)$ 就是效用函数。因此，效用函数最大的特征是"保序性"，这是效用函数的必备条件。即对于效益型、成本型和适中型指标，如果指标属性值为 x_1 时对评估对象总价值的贡献比属性值为 x_2 时大，则效用函数必须满足 $f(x_1) > f(x_2)$。所以，不同类型的指标有不同的效用函数的要求。

效益型指标效用函数必须满足：
当 $x_1 \leqslant x_2$ 时，$f(x_1) \leqslant f(x_2)$
成本型指标的效用函数必须满足：
当 $x_1 \leqslant x_2$ 时，$f(x_1) \geqslant f(x_2)$
适中型指标（假设适中范围为[a，b]）的效用函数必须满足：
当 $x_1 \in [a,b], x_2 \notin [a,b]$ 时，$f(x_1) \geqslant f(x_2)$；
当 $x_1 \leqslant x_2 \leqslant a$ 时，$f(x_1) \leqslant f(x_2)$；

[①] 冯晖. 教育评估计算学[M]. 上海市教育评估院组织编写. 北京：高等教育出版社，2012：52.

当 $b \geqslant x_1 \geqslant x_2$ 时，$f(x_1) \geqslant f(x_2)$；

显然，满足上述条件的效用函数不是唯一的，选用不同的效用函数可能导致不同的转换效果。例如为了便于多指标数据合成，要求将所有指标的特性进行一致化处理，通常把成本型指标转化为效益型指标，即 $f(x) = \max - x$，或 $f(x) = \dfrac{\min}{x}$。在训练单位绩效评估实践中，同样有必要将指标的原始属性值 x 经效用函数转化为无量纲的数值 $f(x)$，再由 $f(x)$ 合成为评估对象的总价值。

4. 本研究使用的线性效用函数

按照效用函数的性质和特征，根据效用函数转化结果与指标属性值的关系，效用函数分为线性效用函数和非线性效用函数，最常用的是线性效用函数。成本型指标效用函数与效益型指标的效用函数性能相反，适中型指标的效用函数则可以看成效益型与成本型的组合，在适中区间是效益型的，在适中区间之外是成本型的。因此，各类型指标的效用函数其实有很多共性，常用的线性效用函数有直线型、折线型和阶梯型，本研究确立的训练单位绩效评估体系中的 15 项指标由于不存在太多的敏感阈值变化拐点，因此直线型效用函数就能较好地完成指标属性值的规范化处理。效益型的直线效用函数的一般形式如式（2-10）所示。

$$f(x) = \begin{cases} 0, & x < a \\ \dfrac{x-a}{b-a}, & a \leqslant x \leqslant b \\ 1, & x > b \end{cases} \qquad （2\text{-}10）$$

其中，参数 b 和 a 为相应指标属性值的上、下阈值，分别表示指标属性值的满意界限和达标界限，其函数图像如图 2-2 所示。

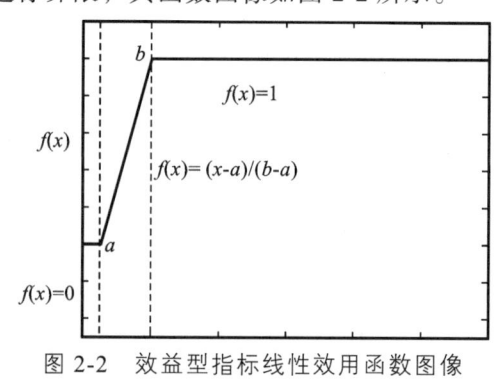

图 2-2 效益型指标线性效用函数图像

当指标属性值小于达标界限 a 时,效用函数的结果一律为 0;当指标属性值大于满意界限 b 时,效用函数结果一律为 1;而当指标属性值属于$[a,b]$时,其效用函数的结果为直线上相应位置的线性插值。评估实践中,有的指标可能在内涵上并不存在确定的上、下阈值,或者难以确定其上、下阈值,这时就用指标属性值可能的取值范围来确定。例如"长训运动员人数",根据目前乒羽中心的调研情况,在训人数最多的训练单位人数不超过 200,故可以取 $a=0$,$b=200$。

对于适中型效用函数,其一般形式如式(2-11)所示:

$$f(x)=\begin{cases}0, & x\leqslant a\\ \dfrac{x-a}{b-a}, & a<x\leqslant b\\ 1, & b<x\leqslant c\\ \dfrac{d-x}{d-c}, & c<x\leqslant d\\ 0, & x>d\end{cases} \quad (2\text{-}11)$$

其中,参数 a 为最低阈值,b、c 为最佳区间的两个端点阈值,d 为最大上限阈值,其函数图像如图 2-3 所示。

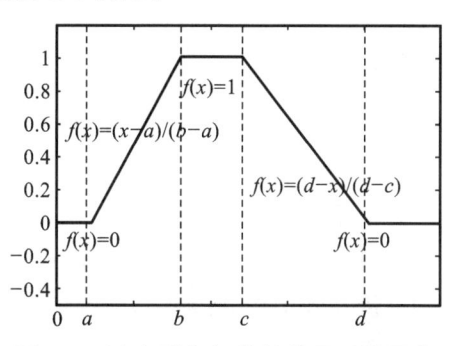

图 2-3 适中型指标线性效用函数图像

当指标属性值小于达标界限 a 或大于最大上限 d 时,效用函数的结果一律为 0;当指标属性值属于$[a,b]$或$[c,d]$时,其效用函数的结果为直线上相应位置的线性插值;当指标属性值属于$[b,c]$这一最佳区间时,其效用函数值一律为 1。例如"运动员与教练员比例",若比例太小,则浪费师资,训练规模太小;当比例处在合适的区间时,则效益较好,当比例太大时教练员不足同样造成效益下降。

5. 指标价值转换公式

效用函数将各项不同类型、量纲的指标均能转化为[0,1]之间的标准化、无量纲的数据,但在评估实践中,往往是5分制或者百分制等价值量的表达方式比较符合人们的习惯,所以就通过线性变换将指标的属性值 x 转化到其他区间,如将[0,1]区间的 y 值转换到[a,b]区间的公式:

$$y' = a+(b-a)\times y \quad (2\text{-}12)$$

最典型和有代表性的例子就是教育部开展的全国一级学科整体评估[①],将各项指标的规范化价值判断均采用如下效用函数进行转换:

$$y_i = 60+40\times \frac{x_i - \min(x_1,x_2,\cdots,x_n)}{\max(x_1,x_2,\cdots,x_n)-\min(x_1,x_2,\cdots,x_n)} \quad (2\text{-}13)$$

显然,式(2-13)是一个组合的转化公式,首先构建某项指标的线性效用函数,其阈值的确定可以根据所有评估对象在该指标的实际属性值的最大值和最小值来确定,对于某项指标,设所有评估对象在该指标的属性值为 $(x_1,x_2,\cdots,x_n)$,则 a 和 b 分别取这些值中的最小值 min 和最大值 max,从而通过线性效用函数将属性值规范化至[0,1]的区间,再通过线性变换把表示该指标最终价值判断的得分转化到[60,100]的区间。

6. 多指标综合评估结果的合成模型

上海市教育评估院对综合评估做了如下定义:综合评估就是根据评估目标制定评估指标体系,并根据评估对象的相关信息完成价值评判,即对评估对象的各项指标逐一赋予其属性值,由此实现将评估对象价值的整体评判工作转化为对各项指标的价值评判工作,最后结合各项指标的属性值和权重进行综合处理,得到评估对象的总价值,并以此对多个评估对象进行择优或排序[②]。训练单位绩效评估指标体系反映了训练单位多个不同方面,同样属于多属性评估,即综合评估。这类综合评估的结果合成常采用多指标综合评估的加法模型来完成,加法合成模型的一般形式为

---

① 周学军,王战军. 全国一级学科整体水平评估及思考[J]. 中国软科学,2003(3): 127-130.

② 冯晖. 教育评估计算学[M]. 北京:高等教育出版社,2012.4: 3.

$$y = f(x_1, \omega_1, x_2, \omega_2, \cdots, x_n, \omega_n) = \frac{\sum_{i=1}^{n} x_i \times \omega_i}{\sum_{i=1}^{n} \omega_i} \quad (2\text{-}14)$$

$$= \frac{x_1\omega_1, x_2\omega_2, \cdots, x_n\omega_n}{\omega_1 + \omega_2 + \cdots + \omega_n}$$

式（2-14）表示，评估指标体系有 n 项指标，各指标的权重依次为 $\omega_1, \omega_2, \cdots, \omega_n$，各项指标的得分分值分别为 $x_1, x_2, \cdots, x_n$。即将评估对象多项指标的得分通过加权综合平均合成得到一个数值，这个数值就代表该评估对象综合评估的总价值水平。如果有多个评估对象，则可以根据各评估对象的总价值进行排序。

加法合成模型是最常用的多指标数据合成模型，按照"整体等于部分之和"的思想，上级指标的价值等于各项下级指标的价值进行加权平均，适应于各项下级指标相互独立且权重有差异区分的情况，具有强调主因素的特点，所以，训练单位绩效评估的数据合成适合选择加法模型。

三、微观理论基础——绩效评估的具体理论与方法

早期企业绩效评估针对表面可见的短期利益，是单一财务维度的事后评估，这种绩效评估暴露出如下缺陷。① 环节单一：财务评估仅仅是会计期末的分析总结，无法考察企业持续动态运营的过程，不利于现代企业实时监控和及时调整，不利于企业站在战略的高度进行管理；② 广度不够：企业是多维开放系统，面临外部、内部环境动态变化，因此为现代企业管理服务的绩效评价必须拓宽视野，不仅仅局限于财务维度的考核；③ 深度不够：传统以财务为主的绩效是根据会计信息和财务指标对企业运营进行综合、抽象的反映，这种综合和抽象的反映结果一定程度上表现出了综合的业绩结果，但是把很多深层原因和具体情况掩盖，无法揭示取得业绩背后的深层动因，没有动因则难以解释相应的绩效结果是哪些关键因素造成的，也就难以为提高业绩指明方向；④ 远度有限：企业运营是一个持续动态过程，常常涉及眼前利益和长远利益的权衡，传统财务为主的绩效考核关注短期利益，忽视长远发展的潜力。

因此，各类新型的绩效评估理论与方法应运而生。综合国际和国内目前绩效考核的理论与方法，目前主流的绩效评估理论和方法主要有目标管理法

（Management by Objectives，MBO），六西格玛法，EVA 法，关键绩效指标（Key Performance Indicator，KPI）法，标杆管理法和平衡计分卡法。

（一）目标管理法[①]

管理学大师彼得·德鲁克 1954 年首次在《管理实践》中提出了"目标管理"的概念，该理论以泰罗的科学管理和行为科学理论，即人的能动性和工作能力为基础来构建一套管理制度。其主要内容可概括为，组织的高层领导按照组织面临的社会形势和需要，制定出一定时间跨度内组织各项活动要达成的总目标，然后层层落实，让各下属部门和员工依据上级制定的目标去完成任务，并把任务的完成情况作为各部门或个人考核的依据。

（二）六西格玛法

六西格玛的思想是摩托罗拉公司的比尔·史密斯于 1986 年提出的，主要针对产品质量管理。其原理就是利用正态分布概率密度曲线，要求产品规格都要分布在标准值的正负三个西格玛范围之内，从而降低产品生产的次品率，降低成本。

（三）EVA 法（Economic Value Added，经济增加值）

EVA 绩效考核体系 Stern & Stewart 咨询公司于 1991 年提出的，其理论来源于剩余收益的思想[②]。其最大的特点在于使用一种不同的计算方法来处理公司内容决策和管理会计的问题，概括来讲，EVA 就是税后净营业利润减掉投入资本的机会成本所剩余的所得，属于一种经济利润而非传统会计利润[③]。由于站在股东立场，要求投入资本所得到的收益至少要能补偿投资者承担的风险，EVA 在 20 世纪 80 年代取得了相当的关注和广泛的应用。

（四）关键绩效指标法

关键绩效指标法（Key Performance Indicator，KPI）的核心思想正如其

---

① 付亚和，许玉林. 绩效考核与绩效管理（第二版）[M]. 北京：电子工业出版社，2009：187-202.
② 赵国杰，刘红梅. EVA，MVA，BSC 评价指标体系比较分析[J]. 内蒙古农业大学学报（社会科学版），2007（1）：112-114.
③ 姜万勇. 企业软实力建设与评价研究[D]. 天津大学，2014.

名，是要在多项绩效指标中进一步分析和选择出企业在当前形势下最要关注的重点业绩指标。此法是在分析企业绩效管理中常见问题，如绩效管理与战略实施脱节、绩效管理核心目的不明确、注重短期利益而忽视长期绩效、绩效管理指标没有重点而无法体现企业对关键业绩的关注和对员工行为的引导等问题而提出的。其关键绩效指标的确定遵循"SMART"原则，即 S(specific)，具体的绩效目标；M(measurable)，绩效指标是可以测量和观察的；A(attainable)，制定的绩效目标是可以实现的；R(relevant)，即绩效指标与战略和工作目标是紧密相关的；T(time-based)，即绩效目标是一定时间内的。KPI 的目的是建立一种机制，通过将宏观的战略目标经过层层分解而转化为具有可操作性的战术目标，这些战术目标通过企业内部过程和活动得以实现，从而不断增强企业的核心竞争力和持续取得效益[1]。

（五）标杆管理法（Benchmarking）

中文"标杆"一词来自英文 benchmarking 的翻译，原本指建筑人员在测量时所作的标记，在现代测量学中很形象地表意为"水平基准点"，在标杆管理法中则是引申的意思，即"行业标兵"或"最佳典范"。标杆管理法是 20 世纪 80 年代美国施乐公司从行业领先到落后，进而奋起向日本企业学习的过程中提出来的。施乐公司作为当时复印机行业的霸主其原先市场占有率达到 82%，但是日本的佳能、NEC 等公司崛起很快让施乐的市场占有率降低至 35%[2]。施乐公司意识到问题之后便从战略制定、经营策略到流程再造等方面寻找和日本企业的差距，从以公司内部几个部分试点到最终在整个公司层面开展标杆管理，最终重新让市场占有率上升。标杆管理的本质可总结为："标杆管理是组织寻求导致卓越绩效的行业最佳实践的过程"[3]。标杆管理自产生以来在西方发达国家得到一定程度的实践，在此过程中不同的实践对标杆管理体系的运用也总结了不同的流程，代表性的如施乐公司的 10 步操作流程，IBM 的 14 步操作流程等。

---

[1] 饶征, 孙波. 以 KPI 为核心的绩效管理[M]. 北京：中国人民大学出版社, 2002: 1-103.
[2] 孔杰, 程寨华. 标杆管理理论述评[J]. 东北财经大学学报, 2004(2): 3-7.
[3] 杨长峰, 贲德亮. 基于层次分析法的标杆管理绩效评估[J]. 全国商情（理论研究）, 2011 (Z1): 18-21.

（六）平衡计分卡法（Balanced Score Card, BSC）

平衡计分卡是哈佛大学商学院罗伯特·卡普兰教授和戴维·诺顿于1992年在研究一套新的绩效考核方法时提出的。与传统的绩效评估方法相比，平衡计分卡打破了之前的绩效管理只注重财务指标的情况[①]。其出发点是以战略为核心，综合地把财务、客户、内部流程和员工成长这四个有逻辑关联的维度设计在一个整体框架中，并以此综合地评估组织的绩效水平，反映了财务与非财务的平衡，短期目标与长远战略的平衡，外部群体和内部群体的利益平衡，过程与结果的平衡等重要方面[②]。平衡计分卡自诞生以来就受到了广泛的关注和应用，目前其成功应用的领域已经从最早的企业绩效评估发展到政府绩效评估和非营利组织绩效评估。

第四节　现行训练单位绩效评估体系的元评估

评估是决策的前提，科学的评估能客观、合理地测度和反映评估客体的价值，为决策提供科学依据，因此评估的质量高低和结果好坏直接影响决策的成败。评估是一项复杂的系统工程，在评估过程中，往往存在一些偏差或不尽合理的地方，都会直接或间接影响评估结果，例如评估指标体系的构成有问题，对评估对象的信息采集失真，对各项指标属性值的处理，评估方法、评估模型的选择等均会对评估造成影响。因此，为了分析评估中可能存在的偏差，修正、完善和建立更好的评估方案，促使评估结果与评估目的、评估客体的价值反映更加匹配，同时为了使评估工作更加规范，提高未来评估实践的科学性与合理性，常常在完善或构建新的评估体系时对评估自身进行评估，这就是"元评估"的概念。元评估是"对评估的评估"，其主要任务是对

---

① 宋红玉，沈菊琴. 平衡计分卡的发展及超越：一个文献综述[J]. 会计之友，2015（5）：134-136.

② 袁晓燕，高振娟. BSC与AHP相结合的政府部门绩效评价方法研究——以科技主管部门为例[J]. 会计之友，2016（15）：35-39.

原来的评估体系进行分析，包括评估方案的科学性，评估活动实施的正确性，评估体系的合理性，评估结果的客观性等。

训练单位绩效评估的主体主要是国家体育总局乒羽中心，客体是各个后备人才训练单位，评估的目的主要是对各训练单位进行监督、管理和决策，以评促改，以评促建。虽然早在1987年我国在乒乓球后备人才培养方面就提出开展重点后备人才训练单位评选的活动，但真正明确以重点训练单位为核心的乒乓球后备人才培养战略以及相应的训练单位认定和评估工作是从2014年才正式起步的。为了更好地监督、管理和有的放矢地对训练单位提供资助（国家为48所重点训练单位出资500万），国家体育总局乒羽中心于2015年对重点训练单位进行了中期考核。由于时间紧促等各方面原因，乒羽中心只能通过专家讨论的形式，在短暂的一周时间内构建出训练单位中期考核的评估体系（详细资料请参看附录A和附录B），该体系也成为2014年重点单位建立以来的第一个关于训练单位监督、管理和决策依据的评估体系，同时也是本研究元评估的对象。现行评估体系基本概况如表2-2所示。

表2-2 现行训练单位评估体系

一级指标	二级指标	具体观测内容	分值
基本条件 （20分）	教练员队伍	专职教练人数不少于5人，高级职称教练不少于2人	5
	训练设施设备	保证全天候训练的标准训练场（馆、房）	5
		乒乓球训练器材齐全、完整、先进，能保证训练需要	3
	学生状况	学生接受正常教育	4
		每天训练时间不少于2小时	3
人才质量 （40分）	运动员输送得分	向上级体校每输送1人得5分，向省级优秀运动队、解放军队直接输送1人记8分。	40
		各类学校向国家一线队每输送1名运动员记10分	
人才效益 （40分）	各级各类赛事得分	根据不同赛事级别和名次赋分（具体请参看附录A）	40

现行的评估体系具有如下特征。① 专家评估为主：现行评估体系在评估

实践中,是采取乒羽中心指派评估专家组成员前往各训练单位实地检查,根据指标体系中各项具体观测内容,查看相关材料的方式完成评估。② 体系简洁,定性、定量结合:整个评估体系指标数量不多,基本条件部分主要基于专家主观定性打分,人才质量和人才效益方面制定了详细的量化评分标准。③ 计算简单:整个体系采用符合习惯的百分制,指标体系中各项指标已经赋予具体分值,对评估对象的价值判断,即最终得分只需将各项指标的得分累加即可。④ 导向明确:从三个一级指标的分值分配可知,现行评估体系是以竞技成绩和人才输送为评估价值导向的,属于传统的运动训练成绩评估模式。根据各单位的总得分,将各单位分为4个档次:总得分在95~100的闭区间内为第一档次(优秀);总得分处于85~94分的闭区间为第二档次(良好);总得分处于70~84的闭区间为第三档次(合格);总得分低于70分为"需整改"的第四个档次(不合格)。最终48所重点单位的评估结果中17所优秀,16所良好,9所合格,6所不合格,为乒羽中心将有限的资金有针对性进行投放提供了依据。虽然现行评估体系在对各重点单位的评估中发挥了重要作用,但此体系仍然存在一些不足和可以优化的地方。

缺乏理论基础:各项指标的分值分配基于经验的主观判断,没有具体的理论与方法指导,表现为指标体系的权重失衡。由于没有构建具体的评估模型,有多项指标的评估均依赖专家判断打分,在对评估对象总得分合成过程中采用原始的指标得分简单加总,缺少对各项指标属性值量化后的处理,使得评估的精细化程度和规范化程度不高。

系统性和全面性不足:从管理学角度来看,没有任何组织完全以"产出"或"结果"作为衡量绩效的唯一尺度[1]。现行评估体系体现了对"投入"(基本条件)和"产出"(人才输送与竞赛成绩)的评估,但忽视了重要的"过程"的评估。专注于人才输送和竞赛成绩的结果,属于典型的"成绩评估模式",对于竞技后备人才培养来说,这样的导向无可厚非,只是如前文所述,传统成绩评估模式存在如下5大不确定性和局限性:① 过分重视取得和维持短期赛事成绩,容易助长急功近利思想和投机行为,如过早专业化,假年龄等,以至于运动队在短期成绩方面投资过多,在长期的价值创造方面投资过少,造成后劲不足。② 不适应新时期竞技体育发展要求,不能指导和评估创造未

---

[1] 石金涛,魏晋才. 绩效管理[M]. 北京:北京师范大学出版社,2006:8.

来价值的行为。在评估无形资产的增长情况，例如运动员文武兼修，提高社会适应力等未来潜力方面，成绩评估模式力不从心。③ 过分注重竞赛成绩指标等可直接测量因素，忽视非成绩指标的不可直接计量因素。④ 成绩评估模式和运动训练管理价值产生不协调，专注于以成绩价值来衡量训练单位的投入价值，忽略了训练单位随时间变化产生的无形和有形资产的增值潜力。⑤ 重结果的"秋后算账"，轻"过程评估"，重局部"本位业绩"，轻整体"组合效益"，使得评估体系无法捕捉产出成绩和人才的多项驱动因素，无法反映出评估对象是否具有可持续发展的能力。

客观性不足：并非一定要将所有指标都量化才是科学的，但想要提高评估的客观性，就需要将主观性尽量降低，或在指标设计方面进行优化。现行评估体系基本条件部分的指标过于模糊。如训练设施设备的"具有保证全天候训练的标准训练场（馆、房）"偏绝对评估，最好是能够考虑到运动员人数与场馆的配比，构建这一类相对评估的指标才能更好地反映出具体的训练场馆能否满足运动员训练所需条件。"学生正常接受教育"这一观测指标也比较模糊，只能凭专家自身经验主观赋分，不同专家的打分结果可能有较大差异，造成评估结果客观性的降低。"每天训练时间不少于 2 小时"以天为单位来考察显得跨度太小，因为实际训练实践中，往往根据不同队员的年龄，训练水平等因素，每个队员的训练时数不同，例如普通兴趣班的队员可能一周 3 练，重点培养的队员可能一周 14 练，所以按照每天训练时数来评估的时间跨度过小，不如周训练课时数或月训练课时数等相对稳定的时间跨度更客观；再者，由于不同队员的训练时数有差异，这一观测指标并不能较好地反映某个单位运动员整体接受训练的情况。

因此，有必要结合训练单位现状和未来发展趋势，针对目前评估体系的不足，从理论基础、指标体系构建、评估细则制定和评估模型选择等多方面对现行评估体系进行优化。

第 三 章

基于平衡计分卡的
训练单位绩效评估理论探索

- 第一节　平衡计分卡（Balanced Score Card，BSC）
- 第二节　平衡计分卡在体育领域绩效评估的广泛应用
- 第三节　基于平衡计分卡构建训练单位绩效评估体系的重要理论问题总结

中国乒乓球后备人才训练单位的绩效评估,既要吸纳成熟的企业绩效评估理论和实践中的经验,从理论探索层面对训练单位绩效评估提出新的要求和发展前景,同时要紧扣当下训练单位的实际情况,探寻具有可行性的绩效评估方法与路径,把训练单位的绩效评估与国家、社会对训练单位人才培养需求的长远角度结合起来考虑,让训练单位绩效评估具备对整个乒乓球后备人才培养工作起到战略导向的作用。具体来说,在训练单位绩效评估实践中,既要紧扣"第三创业"的核心(保证竞技成绩,中国乒乓球在世界领先地位这一前提下的可持续发展),又要综合平衡训练单位对后备人才培养所具有的多方面职能,同时还要注重对训练单位长远发展能力的建设,通过学习创新提高教练员业务素质,通过提高薪酬待遇进行激励等多维度措施,综合平衡地实施训练单位绩效评估。

平衡计分卡因其理论框架的合理性、全面性,有大量的成功实践参照,同时因其在政府及非营利组织的成功应用等参考,成为本研究探索训练单位绩效评估体系的首选,下文对此进行重点论述。

第一节 平衡计分卡
(Balanced Score Card,BSC)

一、平衡计分卡概述

平衡计分卡是一种突破了个人绩效局限,基于组织整体战略性激励的新型绩效评估和管理体系。1992年哈佛商学院教授罗伯特·卡普兰和美国复兴全球公司总裁大卫·诺顿在"未来的组织业绩衡量"项目中担任负责人与学术顾问,与来自制造、服务以及高科技等行业的12家企业(苹果电脑、杜邦、惠普等企业)共同参与并最终开发出的一个新的绩效衡量模型,在此过程中,研究团队通过构建和比较了多种不同方案之后,决定以相互之间存在逻辑联系的财务、客户、内部流程和学习与创新四个组织绩效活动的维度来考核和管理组织的绩效。卡普兰教授和诺顿将这个成果总结成文《平衡计分卡:驱动绩效的评价指标体系》并发表在《哈佛商业评论》上,正式提出了平衡计分卡作为绩效评估的理论。这一时期的平衡计分卡理论和其初衷就是一种综合的绩效测评工具,其核心思想就是指出组织不能仅仅衡量短期的财务数据,还要关注长期的、可持续性发展的非财务指标。随后,卡普兰教授不断致力于平衡计分卡理论的丰富与完善,相继发表了多篇研究成果,包括《战略中心型组织》《战略图》《组织协同》和《平衡计分卡战略实践》等专著,形成了平衡计分卡第二阶段和到目前的第三阶段发展。这两个阶段的发展中,平衡计分卡从一个绩效评估工具上升到将战略转化为实际行动的战略执行工具,其核心是基于综合平衡的战略思想,从学习成长、内部流程、外部市场（客户）和财务成果4个维度将组织的战略目标具体化,并设置相应的测评指标,从而构造一种对组织整体绩效进行综合反映的四维评分标度盘。《哈佛商业评论》将平衡计分卡评为近75年来最伟大的绩效管理工具。

二、平衡计分卡的要素

平衡计分卡是一个全面的框架,将组织愿景和战略转化为一套连贯的绩效指标,其构成的5大要素及其之间构成的逻辑关系如图3-1所示。

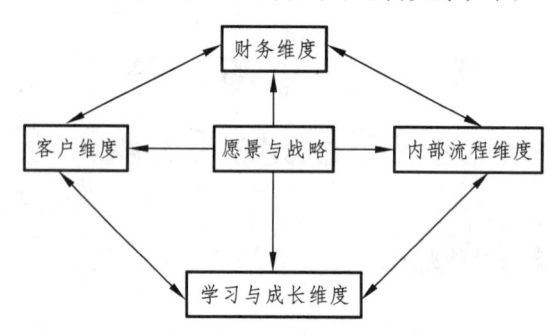

图 3-1 经典的平衡计分卡理论框架

（一）愿景与战略

平衡计分卡主要是战略实施的机制,而不是战略制定的机制,它能够适应业务单位为达成战略的不同做法,无论是客户层面,还是让业务单位表现卓越的内部流程,不论战略业务单位的高层管理者采用哪种方式,平衡计分卡都是一个将战略转化为特定目标,进而细化为指标和具体目标值,并在今后的工作中监督实施的宝贵机制①。所以,愿景与战略是平衡计分卡理论框

---

① 罗伯特·卡普兰,大卫·诺顿. 平衡计分卡——化战略为行动[M]. 刘俊勇,等译. 广州:广东经济出版社,2013:29-30.

架的核心起点，清晰地规划与表述发展战略是成功运用平衡计分卡的首要步骤，在战略明确的情况下，才能将平衡计分卡四个维度的目标和指标连成一个广泛的、互相连接的战略主题。

（二）学习与成长维度

学习和成长维度的目标是解决"组织如何能够继续提高并创造价值"这一类问题。对企业来说，只有不断开发出新产品，为客户创造更多价值，提高效率，才能让企业保持活力和竞争力。尤其在倡导大教育观和终身学习理念的现代社会，只有建立学习型组织，才有利于组织不断调动员工积极性，有创新和成长的氛围，从而支撑起组织，与组织共同发展。

（三）内部流程维度

内部流程着眼的是组织的核心竞争力，要回答"组织的优势是什么"，"组织在哪些方面可以提高，进而表现卓越"的问题。内部流程指标的制定是以客户需求为导向的，让组织能够具备核心竞争力的因素，是改善组织业绩的重点，指标驱动性较强。

（四）客户维度

客户维度需要回答的是"客户如何看待我们"的问题。对于企业来说，客户是根本，是利润的来源。站在客户的角度来看待组织，不论是产品还是服务，都需要了解客户对此的反应，因此，客户维度是组织对外界变化的反映，是平衡计分卡重要的平衡点。

（五）财务维度

财务维度的目标主要是解决"股东如何看待我们"这一类问题。对于企业绩效来说，财务维度是其他3个方面的出发点和归宿，财务维度的常规指标包括利润、收入、资产回报率和经济增加值（EVA）等。

三、平衡计分卡中的主要平衡

平衡计分卡以四个维度的"平衡"为诉求，包含以下主要的平衡。

（1）财务指标与非财务指标的平衡。

不局限于关注财务"业绩"，在考核其他非财务因素时也不仅仅局限于定性说明，而是根据客户、内部业务流程、学习与成长维度综合设置指标。

（2）短期目标与长期目标的平衡。

平衡计分卡将"战略"作为输入与核心，从战略的长远规划开始，将战略分解为可以实现的短期目标，在关注长期发展的同时也关注短期目标的达成，使得绩效考核的一大难题：战略与绩效考核脱节，在实践中缺乏可操作性的问题得以解决。

（3）结果性指标（滞后）与动因性指标（领先）的平衡。

财务属于滞后指标，只能反映过去发生的情况，不能告诉组织如何改善绩效和实现可持续发展，平衡计分卡对领先指标（客户、内部流程、创新与学习）的关注，使组织在关注结果的同时也关注过程。

（4）组织内部群体与外部群体的平衡。

一般来讲，企业股东和客户是外部群体，组织的员工和业务流程是内部群体，平衡计分卡认识到了在有效执行战略过程中平衡这些利益群体的重要性。

四、平衡计分卡是基于战略逻辑关系的绩效评估体系

卡普兰教授在开发平衡计分卡时将战略定义为："结果和产生这些结果的执行动因之间因果关系的一连串假设"，在构建平衡计分卡绩效评估系统时，首先要明确现阶段的战略，然后将战略所内含的一连串假设具体转化成一个因果关系链[①]。基于战略的因果关系链建立之后将对有利于企业将战略准确地转化为各项具体的绩效考核指标，同时也能顺利地将战略意图传达给下属单位和员工，实现从企业到下属单位再到员工三者自上而下地保持工作目标的一致性，从而对各单位和员工的重点工作产生影响，这样的结果将使他们的行为向着有利于企业实现战略的方向发展。需要指出的是，运用平衡计分卡理论框架建立因果关系链并不是一个实质性的因果关系构建，其主要目的在于对战略做出正确解读，进而将战略分解为更加具体的小战略目标，统一思想，使高层次的战略最终得以实现。经典的为企业开发的平衡计分卡框架

---

① 钟良，赵国杰. 基于 ANP&BSC 建构企业绩效评价体系[J]. 西北农林科技大学学报（社会科学版），2006（4）：69-72.

（图 3-1）及其展开的因果关系链如图 3-2 所示。

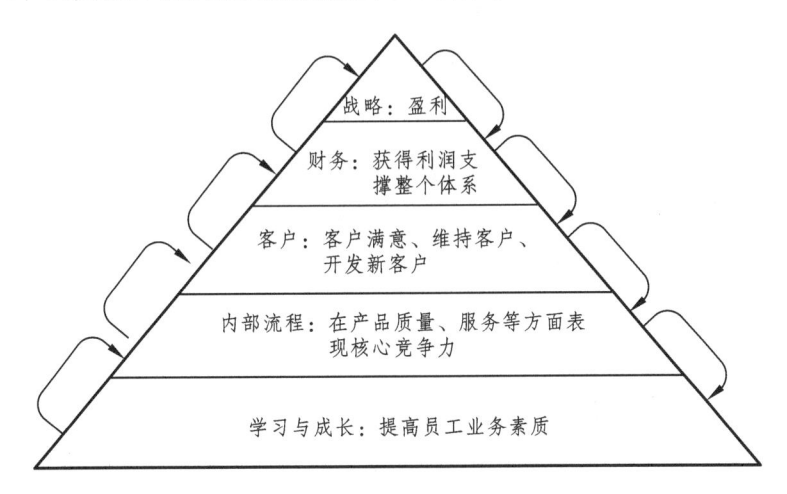

```
          战略：盈利
       财务：获得利润支
         撑整个体系
      客户：客户满意、维持客户、
           开发新客户
    内部流程：在产品质量、服务等方面表
              现核心竞争力
   学习与成长：提高员工业务素质
```

图 3-2　基于战略假设的因果关系链[①]

卡普兰教授认为，任何企业，不论是靠生产产品通过销售来盈利，还是靠提供服务来盈利，其实质都是提供"客户所需的服务"。从高效盈利这一战略目标出发，最先要考虑的是想要达成高效盈利这一战略，组织的员工需要具备哪些业务素质，如何提高这些业务素质，进而支撑起产品实际生产流程或提供服务的过程中所需要组织表现卓越的具体方面，让组织表现出其核心竞争力，这样一来，在战略的引导下，学习与成长、内部流程的工作所提供的"产品或服务"就有可能获得客户的认可，从而留住老客户，开拓新客户，提高客户满意度，从客户获得组织自身不断发展所需要的资金流，从而达成财务维度的战略目标，在这样一个符合逻辑的因果关系链条下，组织的活动从战略出发，经过层层分解，从学习与成长、到内部流程、到客户、再到财务，最终战略得以实现，整个框架形成一个环环相扣的良性循环，各方面处于相对平衡的状态，让组织可持续发展。一旦组织的发展战略清晰，因果关系链的假设从逻辑上能够得到解释，就能将战略层层细化到四个维度中，具体化为一个相互关联的绩效评估指标体系。

---

① 资料来源：毕意文（美），孙永玲（美）平衡计分卡中国战略实践[M]. 北京：机械工业出版社，2009：27.

第二节　平衡计分卡在体育领域绩效评估的广泛运用

平衡计分卡自开发出来后因其强大的普适性在各领域都得到广泛应用，由于案例众多，在此主要回顾与训练单位绩效评估性质类似的政府或公共部门和非营利组织的应用情况。

一、平衡计分卡在体育非营利组织中的应用

体育组织中最早运用平衡计分卡的非营利组织之一是美国马萨诸塞州残疾人奥林匹克委员会。该组织在构建平衡计分卡时，结合残疾人奥委会的任务和目标，提出财务维度的战略目标是提高公众认知度、提高社会参与和增加参赛选手和项目数量，其衡量指标包括"新运动项目或选手的数量""志愿者保持率/新招募的志愿者""捐款人的回馈""参加新项目的运动员数量"。客户维度专注于残奥会的服务对象，即运动员，从提供好的训练设施、服务、时间保障等方面落实，降低会员的费用、打造有潜力的高水平项目、促进运动员的社交，该维度的绩效指标包括"无合适代表队的运动员数量""没有运动员报名参加的城市数量""会费增加""参赛之余的社交活动次数和家属反馈"等。内部流程维度专注于让运动员的目标和财务募捐目标的实现，通过组织与管理、公关、扩大运用项目来实现，具体衡量指标有"已沟通的计划比率""公众认知程度""募款总额"等。学习与成长维度被当作上述三个维度的促成因子，要达到的战略目标有：增加残奥委会成员、志愿者人数，为地区管理机构配备人才，构建人力资源数据库和适当奖励志愿者、教练和员工；采用的具体衡量指标有"成功通过培训的志愿者人数""及时收回登记表情况""教练举行的训练会议"等。该残奥委会通过平衡计分卡赋予客户和员工更重要的角色，较好地提高了组织工作效率和成绩。

王晓芳，刘江宏等（2015）在《基于平衡计分卡的体育非营利组织绩效管理》研究中采用了保罗·尼文基于卡普兰平衡计分卡原始模型为非营利组织改进的非营利组织平衡计分卡模型，即不以财务维度置于模型顶端，而是根据体验非营利组织服务公众体育健身的客户维度（该研究中具体限定为"公

民维度")为最终目标，构建了基于 BSC 的 4 个维度，10 项关键绩效驱动因素和 32 个具体行动指标的评价指标体系，该体系采用的是李克特 7 点量表，为某市非营利组织的太极拳协会、健美协会和青少年体育俱乐部打分，进行相应的绩效评价[①]。

牛建军（2010）在《基于平衡计分卡的体育行政绩效评价指标体系的建立》中分析了平衡计分卡在我国体育行政部门应用的可行性，该研究认为平衡计分卡的理论框架不论对企业还是对行政部门都是一个很好的绩效运营框架的抽象，体育行政部门在行使职能过程中同样需要确立自己的使命、战略规划，并相应地去实现绩效目标，该研究建议采取 AHP 层次分析法对构建的指标体系进行权重确定[②]。

朱江华（2012）在《基于 BSC 的体育赛事绩效评估指标体系构建研究》中扩充了卡普兰的平衡计分卡模型，认为体育赛事绩效评估不仅包括财务、客户、内部流程和学习成长维度，还需囊括社会维度和环境维度，原因在于体育赛事在创造商业利润的同时，还带来了相应的社会效益[③]。

此领域的研究还有徐娜（2004）的《基于平衡计分卡的区县群众体育工作绩效评估体系的构建》，程林林（2012）的《体育社团绩效评估研究》，王敏怡（2010）的硕士论文《基于平衡计分卡的福建省网球俱乐部绩效管理体系研究》等。

二、平衡计分卡在公共体育设施绩效评估中的应用

冯振旗（2001）在《基于平衡计分卡的体育场（馆）运营绩效评价研究》中根据平衡计分卡的因果关系，结合体育场馆运营的特征构建了体育场馆运营绩效分析模型，按照全面、科学、易获取和实用性原则以平衡计分卡的四个维度为准则层（二级指标）构建了相应的体育场馆运营绩效评价指标体系。该评价体系采用 AHP 层次分析法确定权重，运用效用函数，将各项量纲不同的指标的实测值转化成相应的指数，最终以河南省体育场 2009 年各项指标的

---

① 王晓芳，刘江宏，庞宇. 基于平衡计分卡的体育非营利组织绩效管理[J]. 南京体育学院学报（社会科学版），2015（2）：70-75.
② 牛建军. 基于平衡计分卡的体育行政绩效评价指标体系的建立[J]. 体育成人教育学刊，2010（2）：48-50.
③ 朱江华. 基于 BSC 的体育赛事绩效评估指标体系构建研究[J]. 沈阳体育学院学报，2012（2）：54-57.

实测数据通过线性加权法综合合成最终各项三级指标的评价结果，从而计算出评价河南省体育场场馆运营绩效的综合评分[①]。

耿宝权（2012）在《基于平衡计分卡的大型体育场馆运营绩效评价研究》中，基于平衡计分卡提供的绩效评价理论框架，采用关键绩效指标法（KPI）确定平衡计分卡各维度下的关键绩效指标，一一探讨了各维度下每一个关键绩效指标的计算公式，同时提出可以用"绩效评价方位图"的方式在图中标出各项评价指标的标准值，以及根据指标实测值在标准值上的位置连线所形成的图形，直观反映出体育场馆绩效评价中各项指标的达成情况[②]。

同类型的研究还有张红学（2011）的《我国体育场馆经营绩效评估实证研究》，白铂和黄玉涛的《平衡计分卡在高校体育场馆管理中的应用研究》，游战澜（2010）《大型体育场馆绩效管理指标体系构建研究》等，硕士学位论文有申宝华（2009）的《平衡计分卡在北京大学体育场馆中的应用研究》和王飞（2010）的《吉林省高校体育场馆绩效评估指标体系研究》。

三、平衡计分卡在体育人才培养绩效评估中的应用

于可红在《高校高水平运动队绩效评估指标体系研究》中认为中国高校建设高水平运动队20多年的历史中试办效果不甚理想，在新形势下，可以借助平衡计分卡理论，通过对内外部环境分析，构建基于平衡计分卡的高校运动队绩效评估体系，让运动队各项工作重心聚焦于和"使命"达成紧密联系的流程上，确立各个维度的绩效目标关注绩效评价的指标，完成对运动员的全面综合评价[③]。

刘芳梅在《我国青少年体育俱乐部绩效管理体系的构建——以平衡计分卡为理论视角》研究中，认为体育俱乐部是一种新型非营利组织，可以从平衡计分卡绩效管理的角度，针对我国青少年体育俱乐部的情况分析各维度下的绩效驱动因素，有助于克服目前青少年体育俱乐部的政策依赖、财务管理

---

① 冯振旗. 基于平衡记分卡的体育场（馆）运营绩效评价研究[J]. 中国体育科技，2011（3）：119-125.
② 耿宝权. 基于平衡计分卡的大型体育场馆运营绩效评价研究[J]. 北京体育大学学报，2012（12）：1-6.
③ 于可红，张洁. 高校高水平运动队绩效评估指标体系研究[J]. 北京体育大学学报，2012（1）：74-79.

不规范、竞争意识薄弱、体育指导员素质不高等问题。例如，青少年体育俱乐部在顾客维度最重要的绩效目标是创造产品价值、创造服务价值、创造个性化价值和创造品牌价值，从而为客户提供更好的服务产品，提高客户满意度，提高回头客户的比率等，体育俱乐部通过平衡计分卡的良性循环逐渐发展壮大，激发社会力量对体育后备人才的培养[①]。

冯志凤在《基于平衡计分卡的高职院校体育教学绩效评价体系构建的研究》指出，目前高等职业教育是以就业为导向，以"职业性、岗位性、实践性和应用性"作为主要的体育人才培养目标，因此现行的教学评价体系需要在理论上和实践中不断更新修正，通过引入平衡计分卡，以"准职业、突出特色的体育课堂"为战略目标，构建新的高职院校体育教学评价体系。该研究中对体育教学平衡计分卡的战略因果关系链设定为：财务维度是支持层面，顾客维度是发展现状层，内部流程是各维度的协调层，最终学生的学习与成长是人才培养的趋势特征层[②]。

宋杰，刘航在《绩效管理在竞技体育中的应用》中以国家女子举重队为研究对象，通过分析影响女子举重队运动成绩、文化教育、参赛等各方面的关键影响因素，构建了基于平衡计分卡的国家女子举重队绩效评估指标体系，经过实证检验发现女子举重队平衡计分卡能够发现运动队存在的问题，对改进提高运动队的组织绩效有指导意义[③]。

殷苏华，王宏在《平衡计分卡在体育院校教学质量监控绩效管理中的应用》中指出，基于平衡计分卡进行体育院校教学质量监控有助于体育院校完善组织机制，在体育人才培养的主要方面获得平衡机制，在教学质量监控方面建立信息机制，在管理方面建立激励机制，从而提高体育院校教学工作质量和人才培养效益[④]。

---

① 刘芳梅. 我国青少年体育俱乐部绩效管理体系的构建——以平衡计分卡为理论视角[J]. 北京体育大学学报，2009（2）：39-43.
② 冯志凤. 基于平衡计分卡的高职院校体育教学绩效评价体系构建的研究[J]. 南京体育学院学报（自然科学版），2011（2）：106-108+103.
③ 宋杰，刘旻航. 绩效管理在竞技体育中的应用研究——以国家女子举重队为例[J]. 山东理工大学学报（社会科学版），2009（1）：109-112.
④ 殷苏华，王宏. 平衡记分卡在体育院校教学质量监控绩效管理中的应用[J]. 体育成人教育学刊，2010（1）：86-87.

第三节　基于平衡计分卡构建训练单位绩效评估体系的重要理论问题总结

一、平衡计分卡用于训练单位绩效评估的可行性

从哈佛商业评论对平衡计分卡是"75年来最伟大的绩效管理工具"的评价到Gartner Group公司调查的《财富》杂志公布世界前1000名的公司中超过70%的企业采用平衡计分卡，充分说明了该理论强大的生命力和普适性价值。中国人民大学商学院的刘俊勇教授认为平衡计分卡最大的成功之处在于它为理论和实践搭起了一座桥梁，成为将战略有效实施的现代绩效管理和评估工具体系。从其诞生、使用和发展的历史来看，平衡计分卡是美国开发的体系，其开发初衷主要是用于企业绩效考核。那么，对于不同文化背景和非企业性质的中国乒乓球后备人才训练单位是否可以用平衡计分卡进行相应的绩效评估呢？

这个问题的回答需要解决两个核心问题：在美国的历史和文化背景下开发的平衡计分卡能否推广到其他不同历史和文化背景的地区？针对企业绩效考核的平衡计分卡是否适用于具有公共服务性质的组织？

关于第一个问题，回答是肯定的。卡普兰教授和诺顿在世界各地指导当地管理者如何运用平衡计分卡时经常面临当地管理者提出同样的问题：平衡计分卡是在美国开发的，这样的理论是否适用于不同历史、文化和经济的其他国家？卡普兰教授每次都给予了肯定的回应："平衡计分卡管理系统能指出在任何文化和经济形态下的组织都必须解决的一个系统性问题，即如何描述和实施组织的战略；只是在不同地区需要依靠当地专家对平衡计分卡方法进行本土化调整，使其用于特定的环境中"。[①]

问题二的回答同样是肯定的。卡普兰教授专门针对政府绩效管理和非营利组织绩效管理成功运用了平衡计分卡，保罗·尼文《政府和非营利组织的平衡计分卡》的著作中也专门针对非企业如何成功运用平衡计分卡进行了论

---

① 毕意文（美）、孙永玲（美）平衡计分卡中国战略实践[M]．北京：机械工业出版社，2009：9．

述，前文已经叙述相关领域的成功案例，在此不再赘述。中国学者郭娟和梁樑指出，作为一种新型的绩效评测工具，平衡计分卡可以用在企业、组织和个人的绩效评估中，且能够最大程度使组织目标和个人目标趋于统一，但在实际操作过程中，需要根据实际情况制定相应的指标体系且不断进行完善和修改。所以，训练单位平衡计分卡的本土化重点是要处理好训练单位自身运用平衡计分卡的特殊性。

归结起来，从前人在运用平衡计分卡的理论与实践中可以总结出如下要点。平衡计分卡的结果指标和动因指标都应当是那些反映竞争优势和突破性因素的指标，并非所有利益相关者都必须被列入平衡计分卡。出现在平衡计分卡中的指标都要完全整合在一个界定和阐明业务单位战略的因果关系链中[1]，指标不是随意拼凑让管理者自己判断进行取舍的几十个指标，而是各指标联结起来传达少数几个大的战略主题，如扩大业务量、降低风险、提高效率等。平衡计分卡的 4 个维度已经在实际中应用于各行各业，但这 4 个维度应当被视为样板而不是枷锁，没有任何数学定理可以证明这 4 个维度既是必要的，又是充分的。要根据使用对象的具体情况进行分析和构建，比如几乎所有平衡计分卡都把员工包含在学习与成长维度里，这是相对稳定的；而实际中如果与供应商的关系已经稳固到成为客户和财务业绩的重要来源，则客户关系亦可被列入绩效驱动的内部流程维度，而不必拘泥于客户维度等。

乒乓球后备人才训练单位作为人才培养场所，具有准公共事业的性质，训练单位提供的是乒乓球后备人才成长所需的相关服务，其绩效与政府公共部门，非营利组织类似，具有"产出内容的非物质性""受益对象的非特定性""实现过程的非市场性和效益的滞后性"等特点[2]。训练单位具有自己特殊的组织目标，且这个目标不是像企业那样去追求经济利润的最大化，因此不能像衡量企业绩效那样来评估训练单位的运行效率和效果。对于训练单位的绩效评估，除了关注结果，同时还需要关注训练单位的运作过程等方面。因此，处理好下列训练单位平衡计分卡的特殊性将为具体评估体系的构建提供有力的理论依据。

---

[1] 罗伯特·卡普兰，大卫·诺顿. 平衡计分卡——化战略为行动[M]. 刘俊勇，等译. 广州：广东经济出版社，2013：28.

[2] 李伟成. 基于平衡计分卡的政府部门绩效管理研究[D]. 华中科技大学，2012.

（一）训练单位绩效评估战略目标的特殊性

企业主要以营利为目的，其战略总是围绕将经济利润最大化。对于训练单位来说，其存在的意义和使命是为中国乒乓球未来培养高精尖、能够承担夺标任务，同时适应社会、全面发展的乒乓球后备人才，其价值主要体现于外部性方面，即训练单位因其属于人才教育和培养的本质属性，更多要谋求的是训练单位自身以外的利益，而其自身利益（包括组织及其成员的利益），都是受到限制和监督的。再者，训练单位人才培养战略目标的制定表现出依靠上级政府和社会客观要求的强制性约束，只有在这些条件的约束下其发展战略目标才更可能是符合整体利益的。

（二）训练单位绩效评估财务维度的特殊性

财务维度在绩效评估中具有地位差异。企业的财力主要源于企业持有者的投入、负债和利润，而目前大部分训练单位的财力则主要依靠国家拨款。企业在符合法律规定的前提下，可以自主进行财力分配，如扩大生产规模的投入，分红，给员工加薪等，其财务目标主要是提供足以支持企业各项业务运转的资金流，同时充分利用人力、财力和物力来争取利润的最大化，所以企业的财务战略常常与企业的整体发展战略相一致，用于企业绩效评估的平衡计分卡也将财务置于相当重要的位置。而对于训练单位，除去一部分资金用于支付员工的薪酬之外，相当一部分资金要用于维持训练单位各项正常工作的运转如后勤保障、训练竞赛支出、训练器材的更新与维护等，其财务目标主要是考虑如何有效分配财力资源，从而最大化地为乒乓球后备人才培养提供支持，表现出驱动性特征。这种财务目标具有多元化的价值取向，就算是在同一个价值取向下，也存在不同的具体实施方案，具有更强的主观能动色彩，也更加难以衡量。即财务层面提供的是一个约束而不是一个目标业绩值[①]。其次是财务维度在绩效评估中的参照标准差异。不论是什么企业，最终都可以通过财务对其绩效进行考核，因此在企业绩效评估中不同企业常常可以瞄准自己行业内做得卓越的那些企业，并把优秀企业的财务业绩当作自己的"标杆"和参照标准，并以优秀企业为榜样，努力向行业先进者靠拢。

---

① 罗伯特·卡普兰，大卫·诺顿. 平衡计分卡——化战略为行动[M]. 刘俊勇，等译. 广州：广东经济出版社，2013：143.

而对于训练单位来说，虽然不同训练单位的框架作用有一定的相似性，但不同的训练单位有着各自的特点（例如训练单位的性质，所在区域的经济发达程度等），使得彼此之间的经验和标准通常难以适用于对方，因此只能采取相对性的参照标准去构建评估指标。

（三）训练单位绩效评估客户维度的特殊性

企业的客户一般来讲比较明确，就是购买企业产品或服务的群体或组织。企业对顾客负有责任，提供好的产品或服务，顾客对自己购买的产品和享受的服务向企业提供反馈意见，这本质上是企业为了维持和获得更多顾客资源，从而获得更多财务收入和市场地位。非营利组织的顾客相对就复杂得多，保罗尼文也专门指出在政府和非营利组织的平衡计分卡中顾客是多元化的。于可红在《高校高水平运动队绩效评估指标体系研究》中对高校高水平运动队的顾客做了如下界定："在非营利组织，赞助者提供财务资源也即为服务买单，而另一方即接受并享受服务；高校高水平运动队作为非营利组织，存在的目的是完成其使命，即培养高素质的体育人才，所以高水平运动队的主要顾客应该是为其提供资金资源的主办方——学校和享受运动队服务的对象——运动队的学生"[1]。由此可见，业余训练目前已经变为"准公共产品"，政府角色由"生产并提供者"转向"购买并提供者"。长期以来国家层面围绕奥运争光计划，使得竞技体育后备人才培养体现出明显的国家意志，运动员被视为公共产品，从"制造到出厂"均由政府包办。中国社会产业结构深刻转型，业余训练的主体向多元化发展，竞技体育后备人才培养也由体育系统一家独揽变为体育系统为主，教育系统逐渐受到重视，企业和社会力量逐渐活跃的发展态势。在这种情况下，竞技后备人才作为准公共产品，其供给是市场因素和政府因素兼具[2]。对于具有公共服务性质的乒乓球后备人才训练单位来说，国家投入资金让训练单位培养乒乓球后备人才，训练单位通过提供优质的训练和文化教育服务给选择进入训练单位的孩子们，因此，训练单位的主要顾客包括为其提供资金支持的抽象顾客"国家、社会对乒乓球人才的需要"，

---

[1] 于可红，张洁. 高校高水平运动队绩效评估指标体系研究[J]. 北京体育大学学报，2012（1）：74-79.

[2] 郑书耀. 准公共物品私人供给研究[M]. 北京：中国财政经济出版社，2008：25.

以及享受训练单位训练服务的具体对象"学生"。

（四）训练单位绩效评估内部流程维度的特殊性

企业的内部流程，尤其是随着现代企业的发展趋势，其产品从设计、生产、运输、仓储到零售整个流程需要具有较高的规范化特征，流程设计越透明则可操作性越强。同时，企业在整个流程中对自身产品的质量检查比较明确，也有明确的产品规格标准，如著名的六西格玛法质量管理标准。虽然人的培养过程从某种程度上说可以类比于"产品的生产"，但对于训练单位人才培养的内部流程来说则要相对复杂一些，因为涉及到人的培养往往难以界定其边界，整个培养过程也具备很大的弹性，其道理就好比"教师是灵魂的工程师"，训练单位的环境、氛围、教练员的业务素质，教育方法等因素在较长的时间跨度积累作用下都会潜移默化对运动员产生影响。

二、平衡计分卡用于训练单位绩效评估的必要性

从运动训练绩效评估发展的趋势来看，运动训练绩效评估要逐步脱离"成绩评估模式"向"综合评估模式"发展。现代运动训练绩效管理的核心问题之一就是提高绩效。想要提高绩效就需要首先对现有绩效水平进行诊断，就需要科学的方法、标准和程序，对训练单位取得的业绩和实际工作进行尽可能准确的评价，在此基础上才利于发现优良之举，洞察欠缺之处，进而对绩效进行改善提高。基于平衡计分卡理论构建训练单位绩效评估体系有助于训练单位绩效评估摆脱传统"成绩评估模式"注重短期利益而缺乏后劲、不适应社会对体育人才全面发展的要求、忽视非成绩因素的可持续发展动因等缺陷；进而从综合平衡的角度，以科学的理论对训练单位绩效进行评估。同时，训练单位绩效评估亦能从平衡计分卡理论不断发展中持续汲取养分，围绕已经建立的评估体系向平衡计分卡最前沿方向迈进：将训练单位绩效评估工作整合，上升至绩效管理的战略高度。

从乒羽中心管理和训练单位自身需求来看，对训练单位的管理通常会遇到各类问题，需要一套行之有效的绩效管理体系来提高对训练单位的管理水平；训练单位在自身日常管理和运行中也迫切需要一套高效运转的机制，提高训练效益，创造满意的工作环境、为学员提供满意的训练、教学服务。平衡计分卡绩效评估体系从客户、内部流程、学习成长和财务维度能够充分考

虑社会需要、训练单位利益相关者的需要、训练单位内部员工的需要、人才培养的流程需要、物质基础等多方面重要因素，为乒羽中心提高管理效率，为训练单位提高自身工作水平都是十分必要的。再者，平衡计分卡体系的构建并不仅仅局限于某一个层面，在企业中，一个多项经营的大型企业往往是从总部开始自上而下地构建总部平衡计分卡、分公司平衡计分卡、员工个人平衡计分卡，这些不同层次的平衡计分卡形成一个以总体战略实施为导向的绩效评估体系，让企业战略得以逐层细化并最终实现。同理，对乒乓球后备人才培养战略来说，基于平衡计分卡亦可构建上至乒羽中心，下至各训练单位甚至训练单位员工的平衡计分卡，真正建立起一套多层次的中国乒乓球后备人才培养战略实施的绩效评估体系，利于各训练单位从国家人才培养的长远利益考虑，让"全国一盘棋"的战略得以巩固和层层细化。

从目前训练单位绩效评估的发展状况来看，还处在"成绩评估模式"为主的阶段，出现缺乏理论基础、指标体系设置不够科学、缺乏外部主体的评估参与、评估理念待更新等问题。因此，充分借鉴平衡计分卡理论不仅能学习它在绩效评估中的先进理念，同时可以借鉴其有效的管理技术和方法，这对运动训练绩效管理的理论研究和具体的训练单位绩效评估实践都是十分必要的。

三、平衡计分卡用于训练单位绩效评估的意义

中国乒乓球后备人才培养虽然在长期的探索和实践中已经形成了相对稳定和成熟的人才培养路径，但在整个中国社会深刻转型的重大历史阶段同样需要居安思危，预见未来困难，并顺应转型潮流做出调整。传统绩效考核模式"秋后算账"的特点让人们往往在相当一段时间内意识不到绩效考核，而当临近考核之时往往是出于应付，为了考核而考核。这样的绩效评估就失去了评估"以评促改，以评促建"通过考核更好地引导和约束评估对象的意义。从平衡计分卡的视角进行训练单位绩效评估体系构建能够自上而下带来如下积极意义。

落实乒乓球人才培养发展战略，细化乒乓球人才培养战略目标。国家体育总局青少年体育司站在中国竞技体育发展的全局高度，为各项目后备人才培养制定了未来10年（2014—2024）的中长期规划。乒乓球项目要紧扣"第三次创业"的核心目标，发扬统筹兼顾、全国一盘棋的优良传统，紧密围绕

人才培养的中心任务，充分发挥人才培养"体制优势"，遵循人才成长和基础训练的科学规律，追求人才培养的质量效益，坚持"体教结合"方针，拓宽成才渠道，培养全面发展的竞技乒乓球运动后备人才。以此宏观战略为核心构建平衡计分卡对训练单位进行考核将使此宏观战略得到有效传达，并层层具体细化到每个训练单位人才培养的关键环节中，使乒乓球后备人才的培养战略得以具体落实。

系统全面、科学地对训练单位进行考核。平衡计分卡理论提供了系统全面的绩效评估框架，通过访问乒乓球后备人才培养资深专家，系统分析各项任务指标，结合训练单位的实际情况进行训练单位平衡计分卡的"本土化"，构建一套精简有效的评估指标体系，建立一套合理的评估标准，使得对训练单位的考核评估更加科学和具有操作性。

紧扣平衡的核心思想，利于长远健康发展。根据平衡计分卡绩效 4 个维度的框架构建评估指标体系，能够兼顾短期与长期目标的平衡（早出成绩和扎实培养的平衡），"财务"与"非财务"的平衡（成绩、输送和育人为本的平衡），滞后（成绩、人才输送）与驱动指标（后备人才培养的流程、教练团队建设）的平衡，外部绩效与内部绩效的平衡（上级单位人才输送需求与本单位竞赛成绩的平衡），在强调实现战略目标结果的同时，也对实现结果的动因和过程进行了考核与分析，最终能够全面、客观并及时地反映乒乓球后备人才培养战略的实施效果，在各训练单位的具体绩效评估中从平衡计分卡的 4 个维度反映出各单位的情况，对训练单位做出综合、客观的发展性评估。

第 四 章

训练单位绩效评估体系的实证构建

- ◆ 第一节 训练单位绩效评估概念模型构建
- ◆ 第二节 概念模型的展开：评估指标体系初步构建
- ◆ 第三节 指标体系的优化
- ◆ 第四节 确立绩效评估指标体系的各级权重
- ◆ 第五节 评估细则制定
- ◆ 第六节 评估标准制定
- ◆ 第七节 训练单位绩效评估指标体系的分析

如前所述，本研究以系统科学为宏观指导，以评估指标体系构建理论为中观指导，以平衡计分卡为具体理论框架为构建手段的三层次理论体系，这三个层次的理论体系层层衔接，联系紧密，完成从宏观把控到中观指导再到微观实现的理论与实践的完整链条。基于前文对训练单位现状，现行评估体系的优化思路以及训练单位绩效评估体系的理论基础，下文重点阐述训练单位绩效评估体系的实证构建，主要包括基于平衡计分卡构建训练单位绩效评估概念模型，概念模型具体化为训练单位绩效评估指标体系，确定训练单位绩效评估指标体系的权重，制定训练单位绩效评估的评估细则，训练单位绩效评估体系的实证检验，训练单位绩效评估结果的分析与讨论。通过完成上述工作，构建如图4-1所示的一套训练单位绩效评估体系。

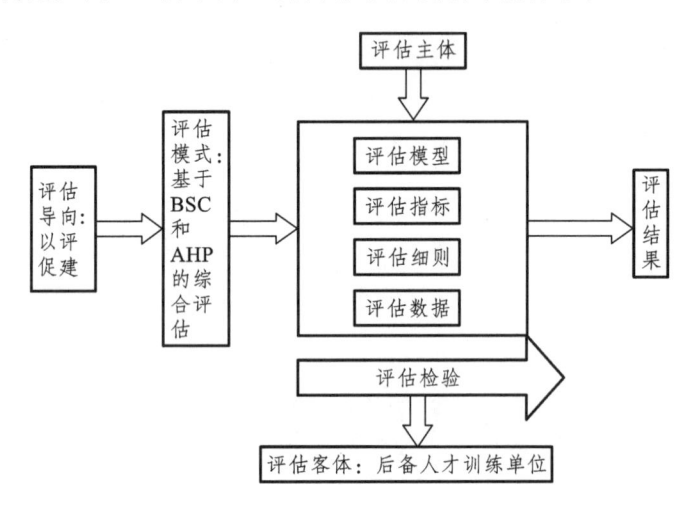

图 4-1 训练单位绩效评估体系结构

第一节 训练单位绩效评估概念模型构建

平衡计分卡是一个绩效评估和管理的理论框架（从训练单位发展战略出发，分解为四个维度的绩效框架）。前文已经对训练单位绩效评估运用平衡计分卡的可行性和要点进行了论述，在此直接给出基于平衡计分卡的训练单位绩效评估概念模型如图4-2所示。

第四章 训练单位绩效评估体系的实证构建

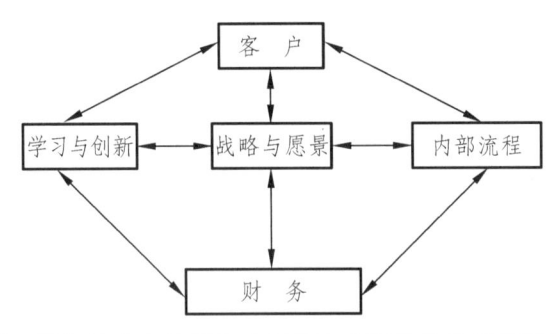

图 4-2 基于平衡计分卡的乒乓球后备人才训练单位绩效评估概念模型

愿景与战略是引导，4个维度的绩效目标都是为了达到战略目标和不断向愿景趋近。国家体育总局《奥运项目竞技体育后备人才培养中长期规划》对乒乓球后备人才培养的发展战略和指导思想做了如下总结：以"第三次创业"计划纲要精神为指导，紧密围绕人才培养的中心任务，充分发挥人才培养体制优势，遵循人才成长和基础训练的科学规律，追求人才培养的质量效益，坚持体教结合方针，拓宽成才渠道，培养全面发展的竞技乒乓球运动后备人才[①]。对此发展战略用于构建基于 BSC 的训练单位绩效评估体系，专家调查结果如图 4-3 所示：

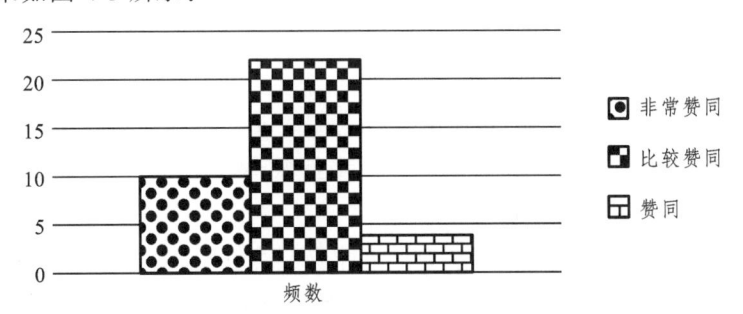

图 4-3 专家战略赞同的频率分布图

在对此发展战略的 5 级评判（非常赞同/比较赞同/赞同/不赞同/非常不赞同）的调查结果来看，没有专家选择不赞同，大部分专家比较赞同，因此，专家组对此发展战略是赞同的，可围绕此战略进行各维度指标的构建。

[①] 国家体育总局青少年体育司.《乒乓球项目竞技体育后备人才培养中长期规划（2014—2024）》奥运项目竞技体育后备人才培养中长期规划 2014—2024：487.

(1)财务维度。

训练单位大多属于全额拨款单位或差额拨款单位,其财务目标主要是为后备人才训练提供资金保障,包括场馆建设,训练器材的维修与更新,外出参赛的费用,教练员培训的费用和教练员薪酬等,在基本条件得以保障,教练员对薪酬待遇比较满意等情况下,训练才能得以开展,在资金的驱动下亦能对教练员起到激励作用。

(2)学习与成长维度。

有财务提供物质基础后,训练单位根据人才培养战略,需要打造高质量的教练员团队,如提高教练员业务素质,提高教练员敬业精神,保持教练员团队相对稳定等,进而能够支撑起乒乓球后备人才培养的需求,对客户维度的需求(出人才)提供支持。

(3)内部流程维度。

有了资金保障和教练团队,训练单位才能够对运动员进行全面的培养,包括运动员技术水平、身体素质、文化学习、思想教育等。内部流程同样是驱动因素:只有在保障运动员的日常训练和文化学习,运动员才会表现出较好的技术水平、身体素质和文化素质,才能为将来成才输送和取得竞赛成绩起到驱动作用。

(4)客户维度。

训练单位的客户是"国家需要、社会对人才的需要、上级训练单位的需要和运动员的需要",通过人才输送、运动员取得的竞赛成绩、运动员对训练单位提供的服务满意等来体现。对于训练单位来说,客户维度是滞后指标。

因此,本研究将财务维度置于平衡计分卡的最下方,将客户维度置于最上方,根据训练单位人才培养的特殊性,对训练单位实现人才培养战略所做的逻辑假设和因果关系链如图4-4所示。

即要实现"充分发挥人才培养体制优势,遵循人才成长和基础训练的科学规律,追求人才培养的质量效益,坚持体教结合方针,拓宽成才渠道,培养全面发展的竞技乒乓球运动后备人才"的后备人才培养战略,需要国家财政、社会力量等为训练单位提供财务支持,当训练所需设施得到保障,教练员薪酬得到保障,才能对教练员产生激励作用,有利于训练单位打造高质量的教练团队,进而在后备人才培养过程中能够实现有效提高运动员技术水平、身体素质和文化水平等培养目标,进而让训练单位出人才,获得竞赛成绩,满足上级训练单位对人才输送的需求，满足运动员到训练单位进行训练和学习的要求，使得人才培养战略得以实现。整个因果关系链形成一个良性循环：战略得以不断趋近，训练单位就能得到更多的资助，进一步改善训练条件和教练员薪酬，教练员对自身的工作满意度提高进而能不断学习，爱岗敬业，保证后备人才的培养质量，运动员因为能够看到训练有好的出路，吸引更多的孩子到训练单位投身乒乓球事业，从而让乒乓球后备人才培养工作获得充足的人力资源，保障人才的输送和成绩，乒乓球项目发展的需要、社会对人才培养的需要、教练员的需要和运动员的需要都得到满足。

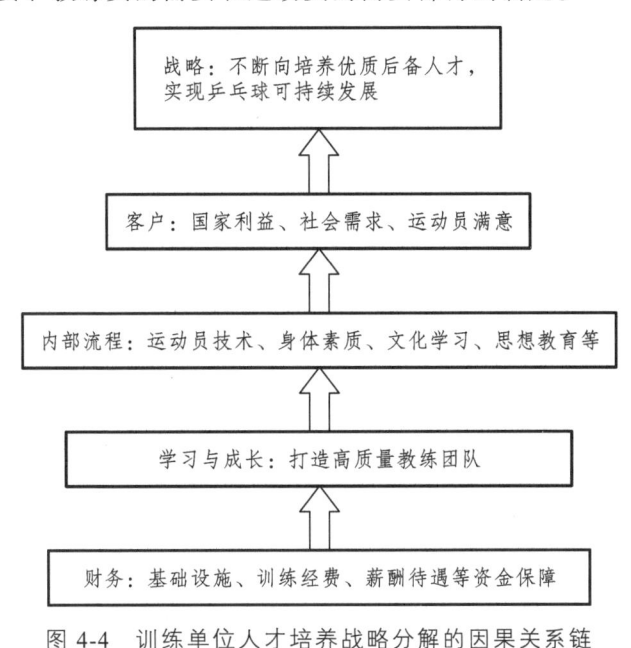

```
┌─────────────────────────────┐
│ 战略：不断向培养优质后备人才， │
│ 实现乒乓球可持续发展         │
└─────────────────────────────┘
              ↑
┌─────────────────────────────┐
│ 客户：国家利益、社会需求、运动员满意 │
└─────────────────────────────┘
              ↑
┌─────────────────────────────┐
│ 内部流程：运动员技术、身体素质、文化学习、思想教育等 │
└─────────────────────────────┘
              ↑
┌─────────────────────────────┐
│ 学习与成长：打造高质量教练团队 │
└─────────────────────────────┘
              ↑
┌─────────────────────────────┐
│ 财务：基础设施、训练经费、薪酬待遇等资金保障 │
└─────────────────────────────┘
```

图 4-4 训练单位人才培养战略分解的因果关系链

第二节 概念模型的展开：评估指标体系初步构建

训练单位绩效评估概念模型提供了一个合理的训练单位绩效评估理论框架，但是理论框架需要结合训练单位的实际情况，转化为具体可测的指标才能实际运用。因此，在训练单位绩效评估概念模型的基础上，将概念模型具体化形成相应的指标体系。本研究采取文献归纳、实地调研和专家咨询结合的方式，紧扣评估对象与绩效相关的条目进行概念模型的具体化，构建流程如下。

查阅各专著和期刊中关于运动队伍训练绩效评估的文献：如刘青的《运动训练管理教程》，张瑞林的《体育管理学》，肖林鹏的《体育管理学》以及常智的《体育管理理论与实践》等，从上述文献中搜集和归纳出训练绩效的评估主要包含训练管理的条件（人力、物力、财力）；运动训练的过程（训练过程、文化学习、思想政治教育和生活管理等），以及训练效益（向上一级训练层次输送的人才数量、质量和成材率等）的相关条目。参考乒羽中心2015后备人才训练单位中期考核相关资料：乒羽中心的中期考核资料体现了对乒乓球后备人才训练单位进行评估的价值导向和核心内容，是构建训练单位绩效评估指标体系的重要参考。继承中期考核评估体系中的重要指标，如教练员队伍状况、训练基本条件、学生文化课学习保障、训练状况，运动员输送和竞赛成绩等。

研究者根据实地调研对训练单位现实状况的把握并结合专家咨询继续搜集和构建指标：研究者先后于2016年7月至10月期间，利用跟随导师前往各重点乒乓球后备人才训练单位进行选材测试的机会，在海淀区体校、威海体育运动学校、鲁能乒乓球学校、黄石后备人才训练单位等训练单位向上述训练单位的教练员和管理员组织了焦点小组访谈，以半结构化的形式和专家一同进行二级指标构建、补充和完善具体的观测指标（见附录C），并对专家咨询的结果进行汇总、分析和整理，主要完成如下工作。

（1）定性指标的转化。请专家根据条目池中涉及的方面提出相应具体的绩效评估指标。如"教练员团队稳定性"属于定性指标，在实际评估中需要能够切实观测的具体指标，专家根据乒乓球后备人才训练单位的情况，提出"教练员平均在职年限"这一项具体指标来反映等。

（2）多项同类指标的合并及转化。如"人才输送情况"这一项指标，有专家提出以"人才输送人数"来刻画，有专家提出以"人才输送得分"来刻画，研究者分析专家的不同意见，综合考虑可行性、合理性等因素选择"人才输送得分"作为人才输送情况的具体观测指标。

（3）对研究者没有考虑到的指标进行补充。

（4）对各项二级指标根据平衡计分卡绩效维度构建的一级指标进行分类，保证各维度下的指标层次隶属关系清晰，同级指标的层级相同。

综上所述，通过文献归纳分析，实地调研和专家咨询相结合，根据方向性、完备性、简约性、可测性、独立性、可比性和次优性原则综合考虑和论证，最终整理形成了包含 4 个一级指标，52 项二级指标及其对应观测点的初拟指标体系如表 4-1 所示。

表 4-1　乒乓球后备人才训练单位绩效评估初拟指标体系

评估总目标	一级指标	二级指标	具体观测指标
训练单位绩效	客户	人才输送	人才输送得分
		竞赛成绩	竞赛成绩得分
		运动员训练比赛满意度	运动员训练比赛满意度
		运动员队伍规模	长训运动员数量
		训练设施满足训练需求情况	人均球台数量
		运动员流失情况	流失运动员数量
		新队员招收情况	运动员招收计划完成比例
		大众健身服务情况	大众健身运动员数量
		承办集训、赛事情况	承办竞赛、集训的次数
		与运动员沟通的情况	定期组织与运动员阶段性沟通的次数
		与运动员家长沟通的情况	定期组织与学员家长阶段性沟通的次数
	内部流程	运动员身体素质水平	运动员身体素测试水平
		运动员技术水平	运动员技术测试水平
		运动员等级结构	国家二级及以上运动员人数
		运动员训练时数安排	周训练课时数
		运动员训练出勤情况	运动员训练课出勤率
		运动员文化课时数保障	运动员文化课课时数
		运动员文化课出勤情况	运动员文化课出勤率
		运动员业务学习情况	运动员业务学习成绩
		运动员文化成绩水平	运动员文化测试成绩
		运动员外出参赛情况	参赛运动员比例
		训练性比赛情况	训练性比赛次数
		运动员平均输送周期	运动员平均输送周期
		运动员违纪情况	运动员违纪现象次数
		运动员获得表彰情况	运动员获得表彰人次数
		医疗保障情况	伤病运动员比例

续表

评估总目标	一级指标	二级指标	具体观测指标
训练单位绩效	学习与成长	运动员打法类型结构	培养不同打法运动员种类
		假年龄现象	假年龄现象次数
		教练员违纪现象	教练员违纪现象次数
		教练团队人力状况	教练员与运动员比例
		教练员离职情况	教练员流失率
		教练员工作满意度	教练员工作满意度
		人才引进情况	教练员人才引进数量
		外聘专家前来讲学情况	外聘专家前来讲学次数
		教练员参加培训情况	参加培训的教练员比例
		教练员科研情况	教练员发表论文数量
		教练员表彰情况	教练员获得表彰人次数
		教练员职称结构	中、高级教练员人数
		教练团队稳定性	教练员平均在职年限
		教练团队运动经历	有专业队运动经历的教练员比例
		教练员学历结构	大专及以上学历教练员比例
		教练员与管理层沟通情况	教练员意见的上级采纳率
		教练员训练出勤状况	教练员训练出勤率
		组织教练员交流的情况	教练员训练研讨会次数
	财务	固定资产投资	固定资产投资总额
		国家拨款情况	国家拨款总额
		训练单位自主创收	训练单位自主创收总额
		风险管理支出	风险管理支出总额
		教练员薪酬满意情况	教练员薪酬满意率
		教练员奖金	教练员奖金数额
		训练经费满足训练需求情况	训练经费满足率
		经费满足教练员培训学习训情况	培训经费满足率

指标体系中各项二级指标对应的观测点对指标体系在实践中是否能较客观反映评估对象的属性具有决定性作用，故除了体系中"长训运动员数量""国家拨款总额"等这类直接具体可测的观测点，在此对其他一些观测点的操

作做合理性说明。对评估实践中采取问卷调查获取数据的指标，如"教练员团队稳定性"属于定性指标，研究者起初尝试以"专职教练员百分比"来刻画，实地调查发现目前训练单位编制紧缺，有相当一部分骨干教练多年不能获得编制，只能持续以"兼职"或"外聘"身份执教，结合专家咨询意见，最终提出"教练员平均在职年限"来描述，这样不论受评单位教练员是专职还是外聘，最终的教练平均在职年限长则说明该单位"留得住人才"，教练团队稳定。再如"运动员训练比赛满意感"，则根据运动员年龄和文化特点（大多 8~13 岁），选取运动心理学专家张力为、梁展鹏开发的 6 个题项的"训练比赛满意度量表"（克隆巴赫 α 系数 0.75）来观测。对于"运动员文化测试成绩""身体素质测试水平"这一类综合指标，则以相关权威文件为依据。如"文化测试成绩"（为督促运动员文武兼修乒羽中心专门成立了后备人才文化办公室，每次训练单位比赛前测试"语文、数学和英语成绩"），采取调用乒羽中心统一口径的文化测试成绩为观测点；对于"身体素质测试水平"，则是调用乒羽中心后备人才选材测试中根据《青少年乒乓球训练大纲》中针对乒乓球后备人才身体素质以"立定跳远、30 米跑、3000 米跑、45 秒双摇跳和 3.5 米侧滑步"的综合测试成绩（各项测试均有百分制评分标准）作为观测点。

第三节　指标体系的优化

一、基于半数原则的粗筛选

　　研究采用德尔菲法对初拟指标体系进行优化，初步指标筛选的主要目的是精简体系，基于半数原则的筛选办法能够快速从庞大的初拟体系中率先筛选出比较重要的指标，其特点如"快刀斩乱麻"，通过统计每一项指标最终被专家组选中的频数，除以专家组的总人数得到每一项指标的"选中率"。根据指标粗略筛选的"半数原则"，即选中率大于等于 0.5 的表明有超过半数的专家认为该指标有必要保留，留待进一步评判和筛选；反之，选中率小于 0.5 的指标将直接被剔除，专家组指标粗筛选的结果如表 4-2 所示。

表 4-2 根据半数原则的指标筛选结果

一级指标	二级指标	频数	选中率	决策
客户	人才输送得分	36	1.00	保留
	竞赛成绩得分	36	1.00	保留
	运动员训练比赛满意度	31	0.86	保留
	长训运动员数量	32	0.89	保留
	人均球台数量	35	0.97	保留
	流失运动员数量	17	0.47	删除
	运动员招收计划完成比例	27	0.75	保留
	大众健身运动员数量	2	0.06	删除
	承办竞赛、集训的次数	8	0.22	删除
	定期组织与运动员阶段性沟通的次数	13	0.36	删除
	定期组织与学员家长阶段性沟通的次数	14	0.39	删除
内部流程	运动员身体素质测试水平	33	0.92	保留
	运动员技术测试水平	36	1.00	保留
	国家二级及以上运动员人数	24	0.67	保留
	周训练课时数	36	1.00	保留
	运动员训练课出勤率	32	0.89	保留
	运动员文化课课时量	28	0.78	保留
	运动员文化课出勤率	30	0.83	保留
	运动员业务学习成绩	23	0.64	保留
	运动员文化测试成绩	35	0.97	保留
	参赛运动员比例	29	0.81	保留
	训练性比赛次数	16	0.44	删除
	运动员平均输送周期	7	0.19	删除
学习与成长	教练员违纪现象次数	6	0.17	删除
	教练员与运动员比例	34	0.94	保留

续表

一级指标	二级指标	频数	选中率	决策
学习与成长	教练员流失率	16	0.44	删除
	教练员工作满意度	29	0.81	保留
	教练员人才引进数量	15	0.42	删除
	外聘专家前来讲学次数	6	0.17	删除
	参加培训的教练员比例	36	1.00	保留
	教练员发表论文数量	8	0.22	删除
	教练员获得表彰人次数	4	0.11	删除
	中、高级教练员人数	29	0.81	保留
	教练员平均在职年限	32	0.89	保留
	有专业队运动经历的教练员比例	36	1.00	保留
	大专及以上学历教练员比例	22	0.61	保留
	教练员训练出勤率	32	0.89	保留
	教练员意见的上级采纳率	14	0.39	删除
	教练员训练出勤率	32	0.89	保留
	教练员训练研讨会次数	30	0.83	保留
财务	固定资产投资总额	13	0.36	删除
	国家拨款总额	8	0.22	删除
	训练单位自主创收总额	9	0.25	删除
	风险管理支出总额	9	0.25	删除
	教练员薪酬满意率	32	0.89	保留
	教练员奖金数额	15	0.42	删除
	训练经费满足率	31	0.86	保留
	培训经费满足率	30	0.83	保留

如表 4-2 所示，根据半数原则筛选法统计处理第二轮专家咨询对指标体系进行优化，删除选中率低于 0.5 的指标。客户维度删除"运动员流失数量""大众健身运动员数量""承办竞赛、集训的次数""定期组织与运动员阶段性沟通的次数"和"定期组织与学员家长阶段性沟通的次数"这 5 项指标。内

部流程维度删除"训练性比赛次数""运动员平均输送周期""运动员违纪次数""运动员获得表彰次数""假年龄现象次数""教练员违纪次数"这 6 项指标。学习与创新维度删除"教练流失率""人才引进数量""外聘专家讲学次数""教练员发表论文数量""教练员表彰次数"和"教练员意见的上级采纳率"这 6 项指标。财务维度删除"固定资产投资""国家拨款总额""训练单位自主创收""风险管理支出总额"和"教练员奖金"这 5 项指标。

二、基于秩和比的精筛选

经过半数原则的粗筛选后,体系优化为如表 4-3 所示,包含 4 个一级指标和 30 个二级指标的体系。

经过初步筛选后,需要对第一轮"存活"的指标进行更加严格的筛选,留下那些重要性较大的、在实际评估过程中又简便可行的指标,从而确定最终的指标体系,让指标体系尽量精简,降低评估成本和工作量。

表 4-3　经过初步筛选后的训练单位绩效评估指标体系

总目标	一级指标	二级指标	具体观测指标
训练单位绩效	客户	人才输送	人才输送得分
		竞赛成绩	竞赛成绩得分
		运动员训练比赛满意度	运动员训练比赛满意度
		运动员队伍规模	长训运动员数量
		训练设施满足训练需求情况	人均球台数量
		新队员招收情况	运动员招收计划完成比例
	内部流程	运动员身体素质水平	运动员身体素质测试水平
		运动员技术水平	运动员技术测试水平
		运动员等级结构	国家二级及以上运动员人数
		运动员训练时数安排	周训练课时数
		运动员训练出勤情况	运动员训练课出勤率
		运动员文化课时数保障	运动员文化课课时量
		运动员文化课出勤情况	运动员文化课出勤率
		运动员业务学习情况	运动员业务学习成绩

续表

总目标	一级指标	二级指标	具体观测指标
训练单位绩效	内部流程	运动员文化成绩水平	运动员文化测试成绩
		运动员外出参赛情况	参赛运动员比率
		医疗保障情况	伤病运动员比率
		运动员打法类型结构	培养不同打法运动员的种类
	学习与成长	教练团队人力状况	教练员与运动员比例
		员工工作满意度	教练员工作满意度
		教练员参加培训情况	参加培训的教练员比例
		教练员职称结构	中、高级教练员人数
		教练团队稳定性	教练员平均在职年限
		教练团队运动经历	有专业队运动经历的教练员比例
		教练员学历结构	大专及以上学历教练员比例
		教练员训练出勤状况	教练员训练出勤率
		组织教练员交流的情况	教练员训练研讨会次数
	财务	员工薪酬满意情况	教练员薪酬满意率
		训练经费满足训练需求情况	训练竞赛经费满足率
		经费满足教练员培训学习情况	教练员培训经费满足率

依据理论基础部分讨论的指标筛选方法和原则，本研究选择了集古典参数方法和近代非参数方法的优点于一身的秩和比法，通过专家咨询进行指标精筛选。本轮咨询向专家组发放指标精筛选的第三轮德尔菲专家调查问卷（见附录 E）36 份，回收 30 份，有效问卷 30 份。下文首先以客户维度评判结果的统计处理为例来详细说明研究运用 SPSS20.0 和 Excel 2010 统计处理第三轮指标筛选的结果，其余维度将不赘述相同的数据处理过程，具体结果如下。

（一）客户维度

表 4-4 客户维度二级指标评判结果

	N	秩均值	标准差	极小值	极大值
人才输送得分	30	1.07	0.254	1	2
竞赛成绩得分	30	1.93	0.254	1	2
运动员训练比赛满意度	30	3.3	0.535	3	5
长训运动员数量	30	5.3	0.651	4	6
人均球台数量	30	3.9	0.607	3	5
运动员招收计划完成比率	30	5.5	0.731	3	6

表 4-5 客户维度专家意见一致性检验

检验统计量	Kendall W
N	30
Kendall W	0.904
卡方	135.562
df	5
渐近显著性	0.0000

如表 4-4 和表 4-5 所示，客户维度第三轮评判结果一致性显著（$p<0.01$），肯德尔和谐系数为 0.904，大于设定阈值 0.8，因此认为专家组对客户维度的指标评判意见达成一致，可以用秩和比求出各项指标相对重要性权重作为指标筛选的依据。

根据理论基础推导的指标秩和比计算公式如式（4-1）所示：

$$W_i = \frac{Q_i}{\sum_{i=1}^{n} Q_i} = \frac{m(n+1) - R_i}{mn(n+1) - \sum_{i=1}^{n}\sum_{j=1}^{m} a_{ij}} = \frac{2[m(n+1) - R_i]}{mn(n+1)} \quad (4\text{-}1)$$

研究采用 Excel2010 作为计算指标相对权重的数据处理工具。搜集到专家组 30 人的评判结果，客户维度一共 6 项指标，因此专家人数 $m=30$，评判指标数 $n=6$。现将各项指标的秩和比进行计算，最终得出作为筛选依据的秩和比权重 W_i，计算过程见表 4-6。

表 4-6 客户维度二级指标秩和比相对重要性计算及决策

	人才输送得分	竞赛成绩得分	运动员训练比赛满意度	长训运动员人数	人均球台数量	运动员招收计划完成比例
(1) $R_i = \sum_{j=1}^{m} a_{ij}$	32	58	99	159	117	165
(2) $m(n+1)$	210	210	210	210	210	210
(3) $m(n+1)-R_i$	178	152	111	51	93	45
(4) $2[m(n+1)-R_i]$	356	304	222	102	186	90
(5) $mn(n+1)$	1260	1260	1260	1260	1260	1260
权重 $W_i = \frac{(4)}{(5)}$	0.28	0.24	0.18	0.08	0.15	0.07
决策	保留	保留	保留	删除	保留	删除

由表 4-6 计算结果所示，客户维度中 6 项指标秩和比 W_i 小于 0.1 的指标是长训运动员人数（0.08）和运动员招收计划完成比率（0.07），说明该指标在同层次指标中对总目标贡献不足。结合专家咨询意见，"长训运动员人数"是反映投入规模的绝对数量型指标，但不能因投入规模大就认定某训练单位具有优越性而忽视效率才更能反映问题；"运动员招收计划完成比例"这项指标则是因为大部分单位基本都能完成计划，因而不具备较好的区分度。综合考虑，剔除这两项指标。

（二）内部流程维度

表 4-7 内部流程维度二级指标专家评判结果

	N	秩均值	标准差	极小值	极大值
运动员身体素质测试水平	30	1.7	0.535	1	3
运动员技术测试水平	30	1.33	0.479	1	2
国家二级及以上运动员人数	30	7.83	3.185	3	12
周训练课时数	30	4.03	1.159	3	8
运动员训练课出勤率	30	8.9	2.09	4	12
运动员文化课课时量	30	5.13	1.279	3	8

续表

	N	秩均值	标准差	极小值	极大值
运动员文化课出勤率	30	9.43	1.654	6	12
运动员业务学习成绩	30	9.07	2.033	4	12
运动员文化测试成绩	30	3.97	1.351	2	8
参赛运动员比例	30	8.3	1.725	5	11
伤病运动员比例	30	10.23	1.755	7	12
培养不同打法运动员的种类	30	8.07	2.243	4	12

表 4-8 内部流程专家意见一致性检验

检验统计量	Kendall W
N	30
Kendall W	0.734
卡方	242.06
df	11
渐近显著性	0

由表 4-7 和表 4-8 可知，内部流程维度肯德尔和谐系数为 0.734，低于阈值 0.8，因此还需将此维度各项指标的咨询情况反馈给专家，进行再一轮次的咨询。从描述性统计量的秩均值、极小值和极大值来看，专家组意见较统一的是"运动员身体素质测试水平"和"运动员技术测试水平"，这两项指标秩均值小于 2，重要性排序稳居前两位。专家组意见的分歧主要产生在平均秩次大于 2 的其余指标中。

（三）学习与成长维度

表 4-9 学习与成长维度二级指标专家评判结果

	N	秩均值	标准差	极小值	极大值
教练员与运动员比例	30	2.6	1.102	1	4
教练员工作满意度	30	2.4	1.476	1	6
参加培训的教练员比例	30	7.37	1.326	5	9
中、高级教练员人数	30	2.47	1.167	1	5

续表

	N	秩均值	标准差	极小值	极大值
教练员平均在职年限	30	3.4	1.453	1	6
有专业队运动经历的教练员比例	30	6.33	1.269	4	8
大专及以上学历教练员比例	30	6.47	1.795	2	9
教练员训练出勤率	30	8.2	1.126	5	9
教练员训练研讨会次数	30	5.77	2.012	1	9

表 4-10　学习与成长专家意见一致性检验

检验统计量	Kendall W
N	30
Kendall W	0.698
卡方	167.42
df	8
渐近显著性	0

由表 4-9 和表 4-10 可知，内部流程维度肯德尔和谐系数为 0.698，低于阈值 0.8，因此还需将此维度各项指标的咨询情况反馈给专家，进行再一轮次的咨询。

（四）财务维度

表 4-11　财务维度二级指标评判结果

	N	均值	标准差	极小值	极大值
教练员薪酬满意率	30	1.03	0.183	1	2
训练竞赛经费满足率	30	2.07	0.365	1	3
教练员培训经费满足率	30	2.87	0.346	2	3

表 4-12　财务维度专家意见一致性检验

检验统计量	Kendall W
N	30
Kendall W	0.868
卡方	52.084
df	2
渐近显著性	0

由表 4-11 和表 4-12 可知，专家组对财务维度三项指标评判的肯德尔和谐系数为 0.868，且通过了统计检验（$p<0.01$），因此财务维度的指标专家组意见达成一致。其秩和比计算相对重要性结果如表 4-13 所示。

表 4-13　财务维度二级指标秩和比相对重要性计算及决策

	教练员薪酬满意率	训练竞赛经费满足率	教练员培训经费满足率
W_i	0.49	0.29	0.22

因此财务维度保留三项指标："教练员薪酬满意率""训练经费满足率"和"培训经费满足率"。

三、确立训练单位绩效评估的指标体系

经过第三轮咨询，乒乓球后备人才训练单位绩效评估指标体系的指标筛选在客户维度和财务维度均已完成。研究者将第三轮咨询尚未达成一致的内部流程维度和学习成长维度的指标评判结果反馈给专家，反馈信息主要是各项指标在第三轮咨询中的"秩均值"，请专家参考第三轮排序的平均结果再次对内部流程和学习与成长维度的指标排序（调查问卷见附录 F），结果如下。

（一）内部流程维度

表 4-14　内部流程维度二级指标第四轮咨询结果

	N	秩均值	标准差	极小值	极大值
运动员身体素质测试水平	30	1.8	0.407	1	2
运动员技术测试水平	30	1.2	0.407	1	2
国家二级及以上运动员人数	30	6	1.486	3	9
周训练课时数	30	3.73	0.583	3	5
运动员训练课出勤率	30	9.43	1.736	6	12
运动员文化课课时量	30	5.7	1.685	4	12
运动员文化课出勤率	30	9.6	1.868	5	12
运动员业务学习成绩	30	9.7	1.643	6	12
运动员文化测试成绩	30	3.63	0.928	3	6
参赛运动员比例	30	7.5	1.253	5	11
伤病运动员比例	30	10.87	1.224	8	12
培养不同打法运动员的种类	30	8.83	2.001	6	12

表 4-15　内部流程二级指标第四轮专家意见一致性检验

检验统计量	Kendall W
N	30
Kendall W	0.846
卡方	279.02
df	11
渐近显著性	0

如表 4-14 和表 4-15 所示，专家根据第三轮内部流程各项指标的秩均值反馈信息再次排序后，意见进一步收敛和协调，肯德尔和谐系数为 0.846（$p<0.01$），达到研究设定的阈值 0.8，可以采用本轮咨询专家对内部流程各项指标通过秩和比计算权重的方法计算各项指标的相对重要性并进行指标删除和保留的决策依据。内部流程维度各项指标的秩和比权重计算结果如表 4-16 所示。

表 4-16　内部流程二级指标秩和比相对重要性计算及决策

指标	权重	决策	指标	权重	决策
运动员身体素质测试水平	0.14	保留	运动员文化课出勤率	0.04	删除
运动员技术测试水平	0.15	保留	运动员业务学习成绩	0.04	删除
国家二级及以上运动员人数	0.09	删除	运动员文化测试成绩	0.12	保留
周训练课时数	0.12	保留	参赛运动员比例	0.07	删除
运动员训练课出勤率	0.05	删除	伤病运动员比例	0.03	删除
运动员文化课课时量	0.09	删除	不同打法运动员的种类	0.05	删除

由此，内部流程维度保留"运动员身体素质测试水平（0.14）""运动员技术测试水平（0.15）""周训练课时数（0.12）"和"运动员文化测试成绩（0.12）"4 项指标。对于此维度内秩和比小于 0.1 的指标中，"国家二级及以上运动员人数"由于乒羽中心实行总量控制，数据相对固定，作为评估指标效果一般。"不同打法运动员的种类"和"伤病运动员比例"并未反映运动员人才培养的核心，且青少年训练中并未达到成年阶段伤病积累对一支队伍造成影响的严

重程度。"运动员训练课出勤率""文化课课时量""文化课出勤率""业务学习成绩"和"参赛运动员比例"虽能反映各单位人才培养过程中的日常状况,但正因如此,实践中大部分单位在这类指标数据上均"表现"较好,却无法发掘核心问题和隐患,且同层次具体落实在人才培养成效的指标如"运动员技术测试水平"等与评估导向的契合度更高,人才培养和可持续发展战略意义更大。因此,依简约性原则,删除上述指标。

（二）学习与成长维度

表 4-17 学习与成长维度二级指标第四轮咨询结果

	N	秩均值	标准差	极小值	极大值
教练员与运动员比例	30	2.4	1.037	1	4
教练员工作满意度	30	2.1	1.155	1	4
参加培训的教练员比例	30	7.77	1.073	5	9
中、高级教练员人数	30	2.3	0.952	1	4
教练员平均在职年限	30	3.33	1.184	1	5
有专业运动经历的教练员比例	30	5.57	1.006	3	8
大专及以上学历教练员比例	30	7.3	0.952	6	9
教练员出勤率	30	8.2	1.126	5	9
教练员训练研讨会次数	30	6.03	1.217	4	9

表 4-18 学习与成长二级指标第四轮专家意见一致性检验

检验统计量	Kendall W
N	30
Kendall W	0.83
卡方	199.244
df	8
渐近显著性	0

如表 4-17 和表 4-18 所示,专家根据第三轮学习与创新维度各项指标的秩均值反馈信息再次排序后,意见进一步收敛和协调,肯德尔和谐系数为 0.83（$p<0.01$）,达到研究设定的阈值 0.8,可以采用本轮咨询专家对学习与创新维

度的各项指标通过秩和比计算权重的方法计算各项指标的相对重要性并进行指标删除和保留的决策依据。学习与创新各项指标的秩和比权重计算结果如表 4-19 所示。

表 4-19　学习与成长二级指标秩和比相对重要性计算及决策

指标	权重	决策	指标	权重	决策
教练员与运动员比例	0.17	保留	有专业运动经历的教练员比例	0.09	删除
教练员工作满意度	0.18	保留	大专及以上学历教练员比例	0.06	删除
参加培训的教练员比例	0.06	删除	教练员出勤率	0.03	删除
中、高级教练员人数	0.17	保留	教练员训练研讨会次数	0.09	删除
教练员平均在职年限	0.15	保留			

由此，根据专家组达成一致意见的筛选结果，学习与成长维度保留"教练员与运动员比例（0.17）""教练员工作满意度（0.18）""中、高级教练员数量（0.17）"和"教练员平均在职年限（0.15）"4项指标。此维度秩和比小于0.1的指标中，"有专业运动经历的教练员比例"和"大专及以上学历教练员"比例反映的是教练团队相对固定的结构，对反映教练团队在青少年培养中是否有水平和精力持续承担大量训练任务来说意义不足。"参加培训的教练员比例""教练员出勤率"和"教练员训练研讨会次数"虽符合教练团队学习与成长的维度主题，但这类反映训练单位常规事项的指标在评估实践中有效性不足，因此删除上述指标。

综上所述，经过四轮专家咨询，从指标构建、粗筛选到精筛选，最终确立了包含 4 个一级指标，15 个二级指标的乒乓球后备人才训练单位绩效评估指标体系，如表 4-20 所示。

表 4-20　乒乓球后备人才训练单位绩效评估指标体系

总目标	一级指标	二级指标	具体观测指标
乒乓球后备人才训练单位绩效	客户	人才输送情况	人才输送得分
		竞赛成绩情况	竞赛成绩得分
		运动员训练比赛满意度	运动员训练比赛满意度
		训练设施满足训练需要的情况	人均球台数量

续表

总目标	一级指标	二级指标	具体观测指标
乒乓球后备人才训练单位绩效	内部流程	运动员身体素质水平	身体素质测试水平
		运动员技术水平	技术测试水平
		运动员训练时数安排	周训练课课时量
		运动员文化学习保障	文化测试成绩
	学习与成长	教练员人力充足情况	教练与运动员比例
		教练员工作满意度	教练员工作满意度
		教练团队业务素质	中、高级教练员人数
		教练团队稳定性	教练员平均在职年限
	财务	教练薪酬满意情况	教练薪酬满意率
		训练竞赛经费满足训练需求情况	训练经费满足率
		经费满足教练学习培训情况	培训经费满足率

第四节 确立绩效评估指标体系的各级权重

依据上述运用AHP方法的说明，研究者通过YaAHP软件构造层次结构模型，并生成Excel专家调查表，通过电子邮件与纸质版问卷的形式邀请到26位核心专家组的成员进行判断矩阵的构建，完成了训练单位绩效评估指标体系的权重确定。YaAHP软件是一款权威的AHP方法运用软件，集成了AHP方法使用过程中所需的"建模""录入判断矩阵""生成专家调查表""群组决策""数据导出"等完善的功能。研究者将26位专家的填答数据导入YaAHP软件进行数据处理，选择训练单位绩效评估层次结构模型和计算结果分别如图4-5和图4-6所示。

第四章 训练单位绩效评估体系的实证构建

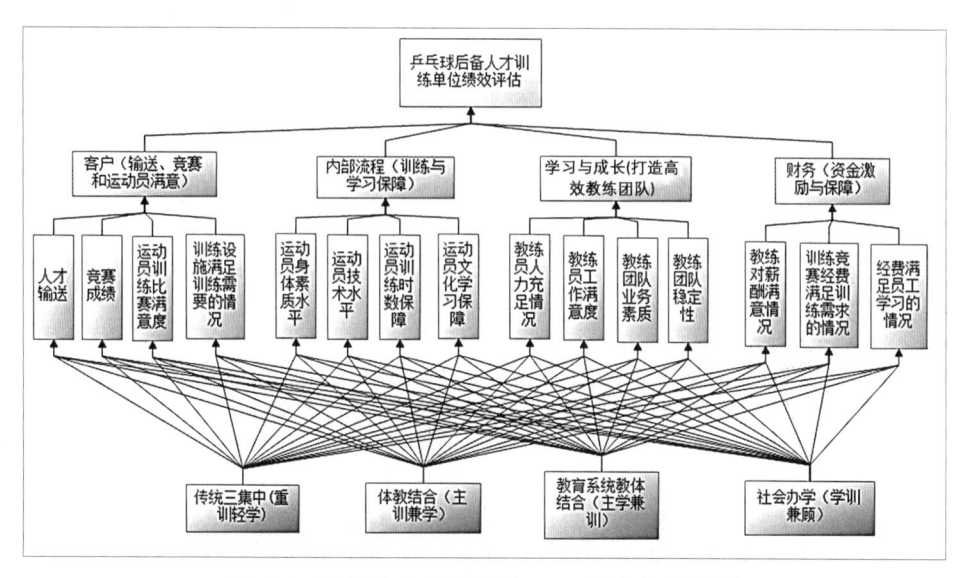

图 4-5 训练单位绩效评估 AHP 层次结构模型

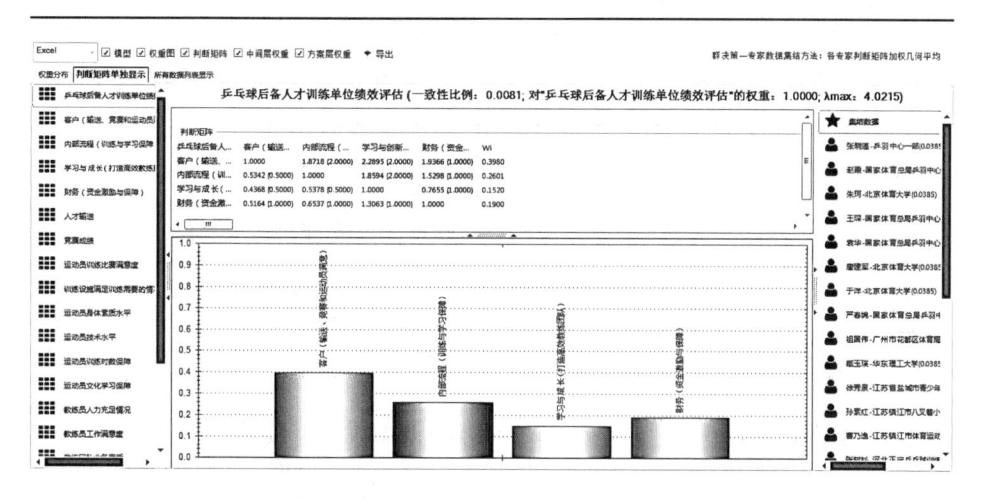

图 4-6 准则层 4 个一级指标的权重计算结果

一、层次单排序结果

以下是 26 位专家各自的判断矩阵按照评分几何平均法，对目标层（总目标）、准则层（一级指标）和次准则层（二级指标）分别集结后的判断矩阵计算结果，如表 4-21 所示。

103

表 4-21 集结后的一级指标判断矩阵和权重计算

训练单位绩效评估	客户	内部流程	学习与成长	财务	层次单排序 W_i
客户	1	1.87	2.29	1.94	0.40
内部流程	0.53	1	1.86	1.53	0.26
学习与成长	0.44	0.54	1	0.77	0.15
财务	0.52	0.65	1.31	1	0.19

一致性比率 CR=0.008 1；λ_{max}=4.021 5，对"乒乓球后备人才训练单位绩效评估"的权重：1.000 0。

如表 4-21 所示，此集结判断矩阵的一致性检验指标 CR=0.0081，小于 0.1 的标准，满足评分几何平均法对集结矩阵一致性的要求。W_i 即该层次指标对于上一层元素的相对权重。以表 4-21 中一级指标计算结果为例，客户维度对其上一层准则，即总目标"训练单位绩效评估"的权重是 0.40，内部流程是 0.26，学习与成长的权重是 0.15，财务维度是 0.19，这四个一级指标权重之和为 1。

如表 4-22 所示为余下各层次集结判断矩阵的计算结果：

表 4-22 集结后的客户维度二级指标判断矩阵和权重计算

客户	人才输送	竞赛成绩	运动员训练比赛满意度	训练设施满足训练需要的情况	层次单排序 W_i
人才输送	1	2.08	3.23	3.33	0.46
竞赛成绩	0.48	1	3.14	3.01	0.31
运动员训练比赛满意度	0.31	0.32	1	0.90	0.11
训练设施满足训练需要的情况	0.30	0.33	1.12	1	0.12

一致性比率 CR=0.022 3；λ_{max}=4.059 7；对"乒乓球后备人才训练单位绩效评估"的权重：0.398 0。

表4-23 集结后的内部流程维度二级指标判断矩阵和权重计算

内部流程	运动员身体素质水平	运动员技术水平	运动员训练时数保障	运动员文化学习保障	层次单排序 W_i
运动员身体素质水平	1	0.41	0.60	0.85	0.16
运动员技术水平	2.44	1	0.94	1.26	0.32
运动员训练时数保障	1.66	1.06	1	1.55	0.31
运动员文化学习保障	1.17	0.79	0.64	1	0.21

一致性比率 CR=0.011 2；λ_{max}=4.030 0；对"乒乓球后备人才训练单位绩效评估"的权重：0.260 1。

表4-24 集结后的学习与成长维度二级指标判断矩阵和权重计算

学习与成长	教练员人力充足情况	教练员工作满意度	教练团队业务素质	教练团队稳定性	层次单排序 W_i
教练员人力充足情况	1	1.11	0.65	1.14	0.23
教练员工作满意度	0.90	1	1.046 1	1.109	0.25
教练团队业务素质	1.55	0.96	1	2.15	0.33
教练团队稳定性	0.87	0.90	0.47	1	0.19

一致性比率 CR=0.020 9；λ_{max}=4.055 7；对"训练单位绩效评估"的权重：0.152 0。

表4-25 集结后的财务维度二级指标判断矩阵和权重计算

财务	训练竞赛经费满足训练需求的情况	经费满足员工学习的情况	教练薪酬满意情况	层次单排序 W_i
训练竞赛经费满足训练需求的情况	1	2.80	0.85	0.41
经费满足员工学习的情况	0.36	1	0.39	0.16
教练薪酬满意情况	1.17	2.57	1	0.44

一致性比率 CR=0.006 5；λ_{max}=3.006 8；对"乒乓球后备人才训练单位绩效评估"的权重：0.190 0。

由表 4-21 至表 4-25 可知，各层次单排序的判断矩阵均满足 CR 小于 0.1 的标准，具有较好的一致性。各指标在其层次的相对重要性得以确定，即各指标的层次单排序结果 W_i 得以确定。

二、层次总排序结果

层次单排序得出各指标在其层次内部的权重后，根据层次总排序公式："二级指标绝对权重=一级指标层次单排序权重×二级指标层次单排序权重"得出最终二级指标对于评估总目标的绝对权重，例如："人才输送"的层次总排序权重=客户单层次排序权重×人才输送单层次排序权重=0.398×0.459 4=0.182 8。以此类推，所有二级指标的层次总排序计算结果如表 4-26 所示。

表 4-26 二级指标的层次总排序

	客户 0.40	内部流程 0.26	学习成长 0.15	财务 0.19	层次总排序
人才输送 0.459 4	0.18				0.18
竞赛成绩 0.307 8	0.12				0.12
训练比赛满意感 0.113 5	0.05				0.05
训练设施 0.119 3	0.05				0.04
身体素质 0.163 7		0.04			0.04
技术水平 0.315 7		0.08			0.08
训练时数 0.308 9		0.08			0.08
文化学习 0.211 6		0.06			0.06
教练人力情况 0.231 3			0.04		0.04
教练员工作满意度 0.249 8			0.04		0.04
教练团队业务素质 0.328 9			0.05		0.05
教练团队稳定性 0.19			0.03		0.03
训练竞赛经费 0.405 5				0.08	0.08
经费满足员工学习 0.157				0.03	0.03
教练薪酬满意情况 0.437 5				0.08	0.08

三、训练单位绩效评估体系权重确立结果

经过指标的构建、筛选和权重计算，最终确定的训练单位绩效评估指标体系如表 4-27 所示（括号中数字代表权重，以 AHP 权重确定结果保留两位小数、四舍五入的方法处理）：

表 4-27　基于 BSC 和 AHP 的训练单位绩效评估体系

总目标	一级指标	二级指标	具体观测指标
乒乓球后备人才训练单位绩效	客户（0.40）	人才输送情况（0.18）	人才输送得分
		竞赛成绩情况（0.12）	竞赛成绩得分
		运动员训练比赛满意度（0.05）	运动员训练比赛满意度
		训练设施满足训练需要的情况（0.05）	人均球台数量
	内部流程（0.26）	运动员身体素质水平（0.04）	身体素质测试水平
		运动员技术水平（0.08）	技术测试水平
		训练时数安排（0.08）	周训练课课时量
		运动员文化学习保障（0.06）	文化测试成绩
	学习与成长（0.15）	教练员人力充足情况（0.04）	教练与运动员比例
		教练员工作满意度（0.04）	教练员工作满意度
		教练团队业务素质（0.05）	中、高级教练员数量
		教练团队稳定性（0.03）	教练员平均在职年限
	财务（0.19）	教练薪酬满意情况（0.08）	教练薪酬满意率
		训练竞赛经费满足训练需求情况（0.08）	训练经费满足率
		经费满足教练学习培训情况（0.03）	培训经费满足率

第五节　评估细则制定

运用上述线性效用函数，研究并总结参考乒羽中心乒乓球后备人才训练单位中期考核材料、乒羽中心乒乓球后备人才培养调查报告、《中国青少年乒乓球训练教学大纲》、相关教育评估专著以及结合实地调研所了解的情况，为训练单位绩效评估体系各项指标确定的评估细则如下：

一、人才输送得分

（1）指标内涵。

人才输送得分是根据目前乒乓球后备人才输送渠道，按照不同输送情况给予相应的分值，通过加总各项人才输送的得分来获得评估对象的人才输送总得分情况，相关界定和标准以乒羽中心乒乓球后备人才重点单位中期考核评估标准为依据，属于效益型指标。

① 人才输送是指在评估对象系统训练 1 年及以上时间后向上级学校或单位的输送，运动员在同级别训练单位间的流动无效。

② 向上级输送的界定：各类学校或单位向国家队、省级优秀运动队、解放军队输送；市级体校向省级体校输送；县区级体校向省级、市级体校输送；少体校向中等体育运动学校输送。

③ "直接输送"是指由本学校或单位直接输送到省级优秀运动队、解放军队、行业体协运动队。

④ 输送证明的界定：向国家队输送的，须提供国家队录用文件复印件；向省优秀队输送的，须提供当年省人力资源和社会保障部门的录用文件等证明复印件；向解放军队输送的，须提供入伍通知书复印件；向中等体育学校输送的，须提供入校当年省、市教育部门招生办审批的复印件；向上级少体校输送的，须提供入校当年上级体育部门出具的证明、升学（转学）材料等能够证明输送的相关材料。

⑤ 向外省上一级训练单位输送的，须提供输送原件，其计算方法同本省；在上级训练单位代训、培训的不统计在输送人数内。

⑥ 认定依据：评估周期内评估对象输送学生名单及有关证明材料。

（2）计算方法。

县区级、地市级上体校向上级体校每输送 1 人计 5 分；每向省级优秀运动队、解放军队输送 1 人计 8 分；中等体育学校每向省级优秀运动队、解放军输送 1 人计 5 分；各类学校每向国家一线队输送 1 人计 10 分。

（3）评估信息采集方法。

评估信息采集方法为报表法和资料法。

（4）效用函数构建。

以 2015 中期考核专家组的讨论结果和分值参考，人才输送得分下限为 0

分,上限 40 分,以此两个数据为人才输送得分的效用函数构建参数

$$f(x) = \begin{cases} \dfrac{x}{40}, & 0 \leqslant x \leqslant 40 \\ 1, & x > 40 \end{cases}$$

二、竞赛成绩得分

(1)指标内涵。

竞赛成绩得分是根据目前乒羽中心认定的青少年竞赛以及各级别的竞赛,按照不同竞赛级别情况给予相应的分值,通过加总各项竞赛成绩的得分来获得评估对象的竞赛成绩总得分情况,相关界定和标准以乒羽中心乒乓球后备人才重点单位中期考核评估标准为依据,属于效益型指标。

① 在评估对象系统训练 1 年以上的学生,在评估对象训练期间的竞赛成绩以及输送至上级训练单位后取得的成绩方可计算在内。总得分计算方法为累计加分,团体、单项都计算在内,但同一级别赛事的得分之和不得超过该级别赛事的最高分。

② 竞赛:国家体育总局乒羽中心认定的青少年竞赛,以及各级别的竞赛。

③ 统计年限:新一轮评估周期开始至今取得的竞赛成绩。

④ 认定依据:取得大赛成绩的运动员名单及成绩统计表,取得大赛成绩的运动员输送及参赛成绩的有关材料。

(2)计算方法。

计算方法和具体分值如表 4-28 所示。

表 4-28 不同竞赛级别相应分值

	第一名	第二名	第三名	第四至第八名
世界大赛	40	35	25	20
洲际比赛	35	25	20	15
全国比赛	30	20	15	10
青年比赛	20	15	12	8
后备训练单位决赛	15	12	10	5
后备训练单位分区赛	9	7	5	3
全国少儿杯	7	5	3	0
省级比赛	5	3	2	0

(3)评估信息采集方法。

评估信息采集方法为报表法和资料法。

(4)效用函数构建。

以 2015 中期考核专家组的讨论结果和分值参考,竞赛成绩得分下限为 0 分,上限 40 分,以此两个数据为参数得到竞赛成绩得分的效用函数

$$f(x) = \begin{cases} \dfrac{x}{40}, & 0 \leqslant x \leqslant 40 \\ 1, & x > 40 \end{cases}$$

三、运动员训练比赛满意度

(1)指标内涵。

训练比赛满意度可视为特殊生活满意度的一种,考察的是运动员对训练比赛经历的认知评价。通过测量多个运动员的训练比赛满意度水平,然后用平均值来反映评估对象运动员群体的整体训练比赛满意度情况,属于效益型指标。

(2)测量工具。

考虑到训练单位后备人才年龄分布为 8~15 岁,不能填答题项较多、概念较多的量表,因此采用张力为、梁展鹏开发的《训练比赛满意感量表》(详见附录 H)。该量表一共 6 个题项,采用的是李克特 7 级评分,已经通过了信度(内部一致性克隆巴赫 α 系数 0.75)和效度检验,使用时只需对具体使用时的信度进行报告,达到信度要求即可。

(3)单个运动员训练比赛满意度计算方法。

首先,量表中第 5 题为反向计分,其转化成正向得分=8-[该题实测值]。然后将 6 个问题的分数累加,得到单个运动员训练比赛满意度的得分。计算训练单位运动员整体训练比赛满意度:

$$整体满意度 = \frac{参考调查的运动员得分总和}{参与调查的运动员人数}$$

(4)评估数据采集方法。

评估数据采集方法为问卷调查。

(5)效用函数构建。

根据运动员训练比赛满意度量表可知,该量表最低得分 6,最高得分 42,因此以这两个阈值作为效用函数的构建参数

$$f(x) = \begin{cases} \dfrac{x-6}{42-6}, & 6 \leqslant x \leqslant 42 \end{cases}$$

四、人均球台数量

（1）指标内涵。

运动员与球台数量的比例反映出主要训练设施满足运动员训练的情况，属于适中型指标。

（2）计算方法。

$$运动员与球台数量比例 = \frac{长训运动员数量}{球台数量}$$

（3）评估信息采集方法。

评估信息采集方法为报表法和资料法。

（4）效用函数构建。

根据调研情况，大部分训练单位可以通过合理安排训练时间满足运动员的训练需要。假设训练以二人对练的形式进行，则可做如下情况假设和分析。

① 最大上限：训练单位一天仅安排一次训练，即所有队员同时训练时，球台刚好够用，则人均球台数量要大于等于 1/2。若一天需要分两个时段安排才能满足所有队员训练至少一次，则人均球台数量需要大于等于 1/4。若一天需要安排三个时段才能满足所有队员至少训练一次，则人均球台数量需要大于等于 1/6。② 最小下限阈值（不允许界限）：设一天安排四个时段才能满足所有队员至少训练一次，则一个队员享有的球台数量是 1/8。一般情况下，大部分单位每天能够安排 2 至 3 次训练并运转良好，当需要安排 4 次训练才能满足运动员需要时，则对场馆的管理、训练队员的轮次安排等提出较高要求，工作难度加大，因此，分别以 1/8 和 1/2 作为效用函数的下限和上构建限效用函数

$$f(x) = \begin{cases} 0, & x \leqslant \dfrac{1}{8} \\ \dfrac{x - \dfrac{1}{8}}{\dfrac{1}{2} - \dfrac{1}{8}}, & \dfrac{1}{8} < x \leqslant \dfrac{1}{2} \\ 1, & x > \dfrac{1}{2} \end{cases}$$

五、运动员身体素质水平

（1）指标内涵。

身体素质测试水平反映评估对象运动员身体素质的总体情况。根据《大纲》中制定的乒乓球运动员选材指标中关于身体素质的 5 项敏感指标：30 米跑、3000 米跑、45 秒双摇跳、3.5 米侧滑步和立定跳远的综合测试成绩来代表运动员身体素质水平。

（2）单个运动员身体素质评级方法。

根据该运动员 5 项身体测试结果分别参照《大纲》相应标准得出每一项身体素质测试的评分结果，再计算 5 项身体素质测试的算术平均值。各项身体素质指标的测试内容、方法细则说明详见附录 K，评分标准均按照《大纲》要求（详见附录 L）。

（3）评估信息采集方法。

评估信息采集方法为实地测试或评估对象提供的测试数据。

（4）训练单位运动员身体素质水平计算方法。

$$运动员整体身体素质水平 = \frac{运动员身体素质得分总和}{参与测试的运动员人数}$$

（5）效用函数。

因为《大纲》中 5 项身体素质测试的成绩已经是百分制，同时 5 项指标也是等权重的，5 项指标最终合成的运动员身体素质得分也是标准的百分制，因此运动员身体素质的得分区间为[0,100]，由此得效用函数

$$f(x) = \left\{ \frac{x-0}{100-0}, \ 0 \leqslant x \leqslant 100 \right.$$

六、运动员技术水平

（1）指标内涵。

运动技术是运动员运用自身能力完成体育动作的方法，也是决定运动员竞技能力水平的重要因素，运动技术水平一般包括技术质量和技术效果等方面[1]。

---

[1] 袁尽州，黄海，等. 体育测量与评价[M]. 北京：人民体育出版社，2014：161.

（2）评分方法。

采取国家体育总局乒羽中心乒乓球后备人才苗子测试最新制定的运动员技术水平测试方法，对运动员进行"不定点两面攻"以及"搓球后正手攻"两项技术 10 分钟内运动员的上台练习时间结合教练员对这两项练习在"落点""力量""反应时"和"协调性"各方面的 5 级打分的综合结果对单名运动员得出技术测评得分。（技术测试细则详见附录 M，技术评价标准详见附录 N）

（3）评估信息采集方法。

评估信息采集方法为实地测试或评估对象提供的测试数据。

（4）训练单位运动员技术整体水平计算公式。

$$运动员技术整体水平 = \frac{运动员技术得分总和}{参与测试的运动员人数}$$

（5）效用函数构建及价值判断。

由两项技术水平测试的细则可知，技术水平测试得分属于区间[0，12]，因此效用函数如下

$$f(x) = x/12, \ 0 \leqslant x \leqslant 12$$

七、周训练课课时数

（1）指标内涵。

周训练课课时数指评估对象每周运动员训练课的课时量，以小时为单位计算。通过计算多名运动员每周训练课课时数的平均值，以此来反映评估对象训练课时数的保障情况。

（2）单个运动员周训练时数计算方法。

$$单个队员周训练时数 = 每天训练时数 \times 每周训练次数$$

（3）训练单位运动员总体周训练课课时数计算公式。

$$周训练课时数 = \frac{运动员总课时数}{运动员人数}$$

（4）评估数据采集方法。

评估数据采集方法为报表法、资料法和问卷调查法。

（5）效用函数构建。

训练课时数属于适中型指标，训练时数过长虽然对学生提高乒乓球水平有益，但必然导致训练疲劳挤占学习经历，伤病风险增加等隐患，不利于找到解决学训矛盾的平衡点和突出讲求提高人才培养效率的评估导向，因此需根据相关经验和权威研究结果，寻找乒乓球后备人才合理训练时数保障区间。根据中期考核中的规定，训练单位运动员每天训练不得低于2小时（周时数不低于14小时），若按每天训练3小时计算则每周训练21小时，每天训练4小时则每周训练28小时，根据目前中、小学阶段的学习时间和课业压力，可以认为，如果运动员每天训练5小时，则将挤占大量的时间精力而无法保证文化学习的需要，同时，《大纲》中规定青少年业余乒乓球训练的合理区间为12至24小时[①]，因此以12，21，28和35作为训练时数效用函数的构建参数

$$f(x)=\begin{cases}0, & x<12 \\ \dfrac{x-12}{21-12}, & 12\leqslant x\leqslant 21 \\ 1, & 21\leqslant x\leqslant 28 \\ \dfrac{35-x}{35-28}, & 28\leqslant x\leqslant 35 \\ 0, & x>35\end{cases}$$

八、文化测试成绩

（1）指标内涵。

文化测试成绩是运动员文化知识学习情况的集中反映。为督促后备人才文化教育，乒羽中心专门成立了后备人才文化教育办公室，在各项竞赛前进行文化测试。通过计算评估对象所属运动员在各次文化测试合格率的平均值，来反映评估对象运动员的文化学习情况。

（2）单个运动员文化测试成绩。

乒羽中心后备人才文化教育办公室针对不同年级的运动员都制订了语文、数学、英语和乒乓球知识四大内容合而为一的百分制标准化试卷，因此每个队员的文化测试成绩是规范化的。

---

① 国家体育总局青少年体育司，国家体育总局乒乓球羽毛球运动管理中心.中国青少年乒乓球训练教学大纲[M].北京：北京体育大学出版社，2015：7.

（3）训练单位运动员整体文化水平计算公式。

$$\text{文化测试成绩} = \frac{\text{多名运动员多次文化测试成绩总和}}{\text{参与文化测试的运动员人次数}}$$

（4）评估信息采集方法。

评估信息采集方法为报表法、资料法或问卷调查法。

（5）效用函数。

运动员文化测试成绩是标准的百分制，因此运动员文化测试的得分区间为[0,100]，由此得效用函数

$$f(x) = \begin{cases} \dfrac{x-0}{100-0}, & 0 \leqslant x \leqslant 100 \end{cases}$$

九、教练与运动员比例

（1）指标内涵。

教练与运动员人数比例反映评估对象的教练与运动员数量配比情况。通过计算评估对象教练员每人平均负责的运动员人数（总教练的情况除外）来刻画，属于适中型指标。

（2）计算方法。

$$\text{教练与运动员比例} = \frac{\text{每个教练负责运动员人数求和}}{\text{教练员总人数}}$$

（3）评估信息采集方法。

评估信息采集方法为报表法、资料法或问卷调查的方法。

（4）效用函数构造。

依据《大纲》中制定的教练员运动员最理想的配比区间为[8，12][①]。根据实地调研了解的情况，教练员负责运动员数量的区间大概处于[2，35]，由此以 2 为下限，以 8 和 12 为中间理想区间，以及 20 为上限，构造效用函数

---

① 国家体育总局青少年体育司，国家体育总局乒乓球羽毛球运动管理中心.中国青少年乒乓球训练教学大纲[M].北京：北京体育大学出版社，2015：102.

$$f(x)=\begin{cases} 0, & x \leqslant 2 \\ \dfrac{x-2}{8-2}, & 2 < x \leqslant 8 \\ 1, & 8 < x \leqslant 12 \\ \dfrac{20-x}{20-12}, & 12 < x \leqslant 20 \\ 0, & x > 20 \end{cases}$$

十、教练员工作满意度

（1）指标内涵。

工作满意度指员工对其工作构成的各个方面的认知评价和情感反应。工作中涉及的典型因素包括工作性质、上级主管、目前的收入、晋升的机会和与同事的关系[1]。通过测量多个运动员的训练比赛满意度水平，然后用平均值来反映评估对象运动员群体的整体训练比赛满意度情况。

（2）评估信息采集方法。

评估信息采集方法为问卷调查法。

（3）测量工具。

研究采用在工作满意度测量领域的权威性量表"明尼苏达满意度问卷"（Minnesota Satisfaction Questionnaire，MSQ），作为测量工具（见附录Ⅰ）。该量表已经经过信效度检验，使用时须报告该次测量的信度。

（4）单名教练工作满意度计算方法。

将20道题目的分数加总即为工作满意度得分，得分越高表明工作满意度越高。

（5）训练单位教练整体工作满意度计算公式。

$$\text{教练整体工作满意度百分制得分} = \frac{\text{教练员工作满意得分总和}}{\text{参与调查的教练员人数}}$$

（6）效用函数构造。

MSQ量表一共20题，采用李克特5级评分，其结果是百分制形式，得分范围[20,100]，由此得效用函数

---

[1] 顾远东. 工作满意度与积极—消极情感的关系研究[D]. 苏州：苏州大学，2005.

$$f(x) = \begin{cases} \dfrac{x-20}{100-20}, & 20 \leqslant x \leqslant 100 \end{cases}$$

十一、中、高级教练员人数

（1）指标内涵。

中、高级教练员人数反映教练团队的业务素质。

（2）评估信息采集方法。

评估信息采集方法为报表法、资料法或问卷调查法。

（3）效用函数构建。

根据中期考核调研数据，通常情况下，一所训练单位中、高级教练员的人数不超过4人（少数有5人），因此将4设定为阈值，效用函数如下

$$f(x) = \begin{cases} 0, & x < 1 \\ \dfrac{x-1}{4-1}, & 1 \leqslant x \leqslant 4 \\ 1, & x > 4 \end{cases}$$

十二、教练员平均在职年限

（1）指标内涵。

教练员平均在职年限反映教练员团队的稳定性。为排除资深老教练的在职年限将教练团队的整个平均在职年限提高而掩盖教练团队不稳定的问题，凡是教练员在职年限超过5年的均按5年计算。

（2）计算方法。

$$教练员平均在职年限 = \dfrac{教练员在职年限总和}{教练员总人数}$$

（3）评估信息采集方法。

评估信息采集方法为报表法、资料法或问卷调查法。

（4）效用函数构建。

根据常规经验和做法，一般在同一单位5年以上就视为相当稳定，低于2则不太稳定，由此效用函数如下

$$f(x) = \begin{cases} \dfrac{x-0}{5-0}, & 0 \leqslant x \leqslant 5 \end{cases}$$

十三、教练员薪酬满意率、训练经费满足率、培训经费满足率

由于教练员薪酬满意率、训练经费满足率、培训经费满足率三项指标均属于通过问卷调查的主观定性指标,其测量方法、计算公式、效用函数构建和价值判断转化公式均采用相同方法,为节省篇幅,对此三项指标的评估细则制订如表 4-29 所示:

表 4-29 三项主观指标的评估细则制订

	教练员薪酬满意率	训练经费满足率	培训经费满足率
指标内涵	反映教练员对所得薪酬满意的主观感受	反映教练员对训练经费是否满足的主观评价	反映教练员对培训经费是否满足的主观评价
测量方法	采用常规单题项调查方式直接询问,例如:与当地平均收入水平相比,您对自己的薪酬待遇是否满意? a)非常满意　　b)比较满意　　c)一般 d)不满意　　　e)非常不满意		
计算公式	满(意)足率 = $\dfrac{\text{选择非常满(意)足的人数} + \text{选择比较满(意)足的人数}}{\text{参与调查的总人数}} \times 100\%$		
效用函数构建	根据常规 5 级评价中,对非常满意/比较满意/一般/不满意/非常不满意的期望百分比分别为 10%,20%,40%,20% 和 10%,与之对应,满意率的上限为 0.7,下限为 0.1,构建效用函数 $$f(x) = \begin{cases} 0, & x < 0.1 \\ \dfrac{x-0.7}{0.7-0.1}, & 0.1 \leqslant x \leqslant 0.7 \\ 1, & x > 0.7 \end{cases}$$		
评估信息采集方法	问卷调查法		

第六节 评估标准制定

一、指标价值转换公式

评估细则已经明确界定了各项指标的内涵、数据搜集方法、计算公式以及效用函数，能够有效地将 15 项不同物理意义的指标转化为[0,1]区间内的无量纲数据。为了更加符合人们长期实践积累的经验和习惯，本研究采用将一级指标、二级指标以及最后的综合评分都标准化为百分制的价值评判形式。对于每一项已经构建了相应效用函数 $f(x)$ 的指标，首先采用如下转换公式将每一项指标的得分转化成[60,100]的区间：

$$y_i = 60 + 40 \times f(x)$$

式中，$f(x)$ 对应各项指标自身的效用函数。

如此转换有如下便利。每项指标均以百分制呈现，便于综合评估结果的合成计算。每一项指标是百分制，相应的平衡计分卡各维度的平均得分就自然是百分制，且整个综合评估结果的分值也是百分制，便于制定相应的评估标准。评估对象得分最大值为 100，最小值为 60 的计分体系既满足优秀单位的价值得以表现，而相对较差的单位也能获得一个基本的价值评判，符合评估不是为了具体得分数的高低，而是作为一种机制，以评促改，以评促建的功能导向。

二、评估标准

基于指标价值转换公式将 15 项二级指标均转化为[60,100]的区间，各项一级指标得分，以及整个综合评估结果的评估标准都属于[60,100]的区间，因此可以根据人们经验中较常规和通用的百分制四级或五级划分的办法来制定评估标准，考虑到五级标准比四级标准更加细致，也是绩效评估中较常用的评分量级[1]，同时也考虑到统计学数据分布"两头小、中间大"的一般规律，本研究从综合总得分、一级指标和二级指标均采用百分制五级评估标准，其

---

[1] 蔡正茂. 区域疾病预防控制绩效评估的方法学和指标体系研究[D]. 上海：复旦大学，2009.

分值和等级对应关系如表 4-30 所示：

表 4-30　各层次指标百分制五级评估标准

各层次指标	60~65	66~75	76~85	86~95	96~100
综合总得分	差	中	良	优	卓越
1 客户	差	中	良	优	卓越
2 内部流程	差	中	良	优	卓越
3 学习与成长	差	中	良	优	卓越
4 财务	差	中	良	优	卓越
1.1 人才输送得分	差	中	良	优	卓越
1.2 竞赛成绩得分	差	中	良	优	卓越
1.3 运动员训练比赛满意度	差	中	良	优	卓越
1.4 人均球台数量	差	中	良	优	卓越
2.1 身体素质测试水平	差	中	良	优	卓越
2.2 技术测试水平	差	中	良	优	卓越
2.3 周训练课课时量	差	中	良	优	卓越
2.4 文化测试成绩	差	中	良	优	卓越
3.1 教练与运动员比例	差	中	良	优	卓越
3.2 教练员工作满意度	差	中	良	优	卓越
3.3 中、高级教练员数量	差	中	良	优	卓越
3.4 教练员平均在职年限	差	中	良	优	卓越
4.1 教练薪酬满意率	差	中	良	优	卓越
4.2 训练竞赛经费满足率	差	中	良	优	卓越
4.3 培训经费满足率	差	中	良	优	卓越

当评估结果为卓越或优时，说明该项二级指标、一级指标或综合结果表现优秀，训练单位可以保持住目前良好的势头，有序进行各项工作；当评估结果处于良时，则提醒训练单位有必要注意那些表现不尽如人意的方面，同时关注在哪些指标上还能够在目前的基础上进一步提高，力争优秀；当评估结果处于"中"或"差"时，则表明训练单位人才培养工作中存在严重问题，必须马上找到原因并开始改进。

第七节 训练单位绩效评估指标体系的分析

经过前文对整个指标体系构建的详细阐述，研究目前已经完成了从指标体系构建、优化、权重确定以及各项指标评估细则、评估标准的制订。在根据各项指标的相应要求搜集数据、计算、转化之后代入评估模型，用综合评估合成公式

$$y = \frac{x_1\omega_1 + x_2\omega_2 + \cdots + x_n\omega_n}{\omega_1 + \omega_2 + \cdots + \omega_n} = \frac{\sum_{i=1}^{n} x_i\omega_i}{\sum_{i=1}^{n} \omega_i}$$

对训练单位进行绩效进行综合评估的实证检验之前，还有必要对评估体系先进行理论上的分析。这是因为，绩效评估体系是根据训练单位未来发展规划以及评估体系要具有普适性、综合性等战略和功能导向构建的，所以在实证检验之前的一项重要工作就是先从理论上对评估体系是否符合设计初衷进行以定性分析为主的考察；第二项重要工作就是对指标的权重进行分析，查看有没有明显不合理的情况，对指标的类型、可测性等方面进行考察，以保证评估体系具有可操作性。本研究各项指标的详细情况如表4-31所示。

表4-31 评估体系指标分析表

指标	重要性（权重）	数据类型（定性/定量）	指标类型1（属性值与贡献）	指标类型2（平衡计分卡）	指标类型3（主观/客观）
1.1 人才输送得分	0.18	定量	效益型	结果	客观
1.2 竞赛成绩得分	0.12	定量	效益型	结果	客观
1.3 运动员训练比赛满意度	0.05	定量	效益型	结果	主观
1.4 人均球台数量	0.05	定量	适中型	驱动	客观
2.1 身体素质水平	0.04	定量	效益型	驱动	客观
2.2 技术测试水平	0.08	定量	效益型	驱动	客观

续表

指标	重要性（权重）	数据类型（定性/定量）	指标类型1（属性值与贡献）	指标类型2（平衡计分卡）	指标类型3（主观/客观）
2.3 周训练课课时量	0.08	定量	适中型	驱动	客观
2.4 文化测试成绩	0.06	定量	效益型	结果	客观
3.1 教练与运动员比例	0.04	定量	适中型	驱动	客观
3.2 教练员工作满意度	0.04	定量	效益型	结果	主观
3.3 中、高级教练员数量	0.05	定量	效益型	驱动	客观
3.4 教练员平均在职年限	0.03	定量	效益型	驱动	客观
4.1 教练薪酬满意率	0.08	定性	效益型	驱动	主观
4.2 训练竞赛经费满足率	0.08	定性	效益型	驱动	主观
4.3 培训经费满足率	0.03	定性	效益型	驱动	主观

一、评估体系权重分析

本着方法公认的原则，本研究用 AHP 方法确定指标体系权重。客户维度四项指标权重之和为 0.18+0.12+0.05+0.05=0.40；内部流程四项指标权重之和 0.04+0.08+0.08+0.06=0.26；学习与成长四项指标权重之和 0.04+0.04+0.05+0.03=0.16；财务维度三项指标权重之和 0.08+0.08+0.03=0.19。整体上看，训练单位平衡计分卡的客户维度是整个体系的出发点和根本归宿，权重值最高的 0.40 客观反映了其地位；内部流程作为训练单位人才培养过程最重要的驱动环节，排在第二高的权重值（0.26）也是比较合理的；作为基本保障的财务维度，0.19 的权重值，在训练单位绩效评估体系中既不过分突出财务维度的重要性，也不失其基础性地位。所以，从一级指标的权重来看，训练单位绩效评估体系的权重分配是整体符合实际情况且主次分明的。

从二级指标的权重来看，人才输送情况（0.18）比重最大，竞赛成绩（0.12）次之；本研究的评估对象针对乒乓球后备人才培养的第一层次：全国各省、自治区、市的地区业余体校和全国乒乓球后备人才训练单位以及一些俱乐部的业余运动队和半专业运动队，队员年龄大多 8~10 岁；以及第二层次：省、市，俱乐部以及乒乓球学校优秀运动队的第二、三线队伍，年龄大多为10~13岁，所以，人才输送是其首要任务。同时，避免以成绩为单一的评价标准并非否定成绩的重要性，竞技后备人才培养工作必然脱离不了"成绩就是硬道理"，因此，这两项客户维度指标的权重导向明确，与中国乒乓球后备人才的发展战略相一致。乒乓球台是训练最基础的物质保障，人均球台数量从效益角度反映训练设施的有效利用；运动员训练比赛满意度则从运动员角度反映出运动员的训练感受，这两项指标均占0.05的权重也是比较合理的。

内部流程中，运动员技术水平和训练时数保障都权重都为0.08。根据项群训练理论，乒乓球属于技能主导类格网对抗项目，同时再加上队员年龄处于8~13岁之间，训练的核心任务就是抓好基本技术的训练，保障训练时间。随着乒乓球规则的不断变化，国际竞争对手的不断发展，对乒乓球运动员身体素质提出了更高的要求，运动员身体素质0.04的权重体现了紧扣当下乒乓球发展趋势的要求，同时能够更好地引导训练单位对运动员身体素质的重视，改善目前乒乓球业余训练普遍的重技术轻体能现象，让运动员具有良好的身体素质，防伤防病，同时也为以后承受更大负荷的训练打下扎实基础。运动员文化学习的权重为0.06，充分体现了对运动员文化水平和全面发展的要求和导向，有助于督促训练单位切实落实和提高运动员的文化水平。

学习与成长维度中，教练团队业务素质最高，占0.05，有高水平的教练团队，教练团队有领军人物均是人才培养的必要保障，高水平的教练员能够以其运动经历、经验和学识提高培养出尖子运动员的概率，能够帮助年轻教练员，提高整个教练团队的业务素质，因此其权重较高是比较合理的；教练工作满意度0.04的权重和教练团队稳定性0.03的权重体现了对教练员工作状态、成就感、敬业心等方面的关注，随着中国社会的经济转型，目前很多教练员敬业精神下降，宁可去俱乐部或者做"私教"多获得经济回报，而不愿意待在业余体校受更多规章制度约束，拿固定的收入，虽然有客观社会背景的因素，但教练员敬业精神下降、教练团队不稳定确实会对训练单位的人才培养造成非常大的损害，因此这两项指标相对适中的权重有助于引导训练单位在要求教练员敬业奉献的同时要关注教练员的工作状态、教练员的各方面诉求，及时与教练员沟通，采取措施提高教练员满意度才真正有助于教练员的敬业奉献，以及防止教练员流失、变动频繁，从而对训练单位人才培养的管理工作和效率造成影响。

财务维度中教练薪酬满意率（0.08），训练竞赛经费满足率（0.08）和培训经费满足率（0.03）的权重主次分明：训练竞赛经费是后备人才培养的重要物质基础，0.08的权重有助于引导训练单位思考如何更加有效利用有限的经费，改善目前很多训练单位存在训练经费短缺，经费分配不合理的问题。教练员薪酬满意率0.08的权重充分反映出对教练员待遇的关注，乒乓球业余训练是一项长期而艰苦的工作，只有当教练群体感受到自己获得的回报与自己艰苦的付出是匹配的，对薪酬比较满意才能产生长期和强大的激励作用，提高教练的敬业精神，降低离职意向，保证教练团队相对稳定。中国乒协十分重视教练员各项素质的提高，从1997年就一直坚持贯彻教练员岗位培训制度，各训练单位要有教练培训经费的保障才能保证教练员与时俱进，学习新的训练方法和手段，跳出基于传统经验的局限，科学指导自己的训练工作，培训经费满足率0.03的权重既不掩盖训练经费更加重要的主体性地位，同时也反映出对教练员再提高的重视。

综上所述，用本研究用AHP方法确定的权重从总体层面到具体微观层面都导向明确，主次分明，权重合理，符合中国乒乓球第三次创业的核心精神，符合可持续发展的需要。

二、评估体系属性分析

从指标体系的构成来讲，研究构建的指标体系具有如下特点。

（1）符合因果逻辑。

指标体系是在平衡计分卡概念模型中紧扣乒乓球后备人才培养战略得来，有明确的评估导向，符合方向性原则。最终确立的15项指标既有反映训练单位可持续发展能力的驱动性指标（如教练员薪酬满意率、训练竞赛经费满足率、运动员周训练时数等）10项，同时也有取得的重要成绩指标5项（人才输送得分、竞赛成绩得分、运动员文化成绩等）；各二级指标之间符合按照"财务支撑—学习与成长提高训练效益—内部流程落实培养—客户维度满足需　求—乒乓球人才培养战略实现"的战略假设和因果关系链条。

（2）指标数量精简合理。

构建的指标体系中财务维度3个指标，学习与成长维度4个指标，内部流程维度4个指标，客户维度4个指标。各维度间指标数量相对平衡合理，总指标数量适中，不造成因指标过多而使评估成本加大，符合简约性原则。

（3）指标系统全面。

所有指标既是对重要内容的整合，亦较好地做到了指标覆盖面的全面完整。15项指标涵盖了训练单位绩效评估的人力、物力、财力和成效，既关注结果，也关注过程，较好地在完备性、简约性原则间达到平衡。

（4）定性与定量相结合。

指标体系中指标的数据类型既有明确可测的定量指标（如身体素质测试、文化成绩测试）12项，也有定性的指标（如教练员薪酬满意度）3项。在体育科研中，定性分析是研究的基础和归宿，定量分析是研究的手段和深化，两者不可偏废。主观指标是定性分析的基础，所以在评估指标体系的构建中往往需注意避免"重定量，轻定性"，而较合理地做到"定性、定量相结合"[①]。由于是绩效评估，所以评估体系中定量指标的主导地位有利于客观地对训练单位的绩效进行测评，同时辅助以少部分定性指标，整个体系符合"定性、定量相结合"的要求。

（5）客观与主观相结合。

评估体系共5项主观指标和10项客观指标。客观指标相对较多，充分反映出评估体系有效降低人为评估的偏差，具有较好的客观性。评估体系中5项主观指标作为运动员、教练员的信息反馈渠道，体现了评估参与者的多元化，能够提高评估结果的整体综合性和科学性，同时，体系中的5项主观指标并非是以"专家主观评判"的方式对训练单位进行评估，而是基于运动员和教练员群体意见的统计结果，亦具有较强客观性：在体育实践中，指标的客观性揭示了指标测量的一致性，主观性揭示了指标测量的误差性；两者相互联系，此消彼长，评估体系的主观指标具有客观性是因为主观指标反映的不是某个调查对象的主观感受，而是综合平均一个群体的主观感受，如运动员群体的训练比赛满意度，教练员群体的工作满意度等，统计这些运动员、教练员对训练单位的感受结果将会趋于一致性，其结果是稳定、可靠的。从研究确定的15项指标来看，主观指标与客观指标1∶2的总体比例亦是比较科学的，有效地实现了评估参与者的多元化，客观与主观的结合也提升了评

---

① 祁国鹰. 体育多元统计分析[M]. 北京：北京体育大学出版社，2015：305.

估的合理性。

综上所述,本研究构建的训练单位绩效评估体系在理论上已基本满足了科学性、合理性,符合评估体系的相关要求,其具体实践过程中的可操作性,评估结果的合理性等问题则有待实证检验的进一步确定。

第 五 章

训练单位绩效评估体系的实证检验与反思

- ◆ 第一节　指标属性值的标准化与价值评判
- ◆ 第二节　评估体系实证检验结果的分析与讨论
- ◆ 第三节　评估体系实证检验的结构、建议与后续研究评估是一种主观活动，以目标为依据，对评估客体做出价值判断的过程，所以评估也是一种认识过程。而认识是否正确，是否在当下的时空条件下合理需要通过实践去检验。实践与客观价值标准有着本质联系，实践应该是最高的评价标准[①]。训练单位绩效评估体系的构建也需要经过实践的检验。

第一节 指标属性值的标准化与价值评判

评估指标自身的性质决定了它的数据类型，数据类型进而决定了它的数据采集方法。实证检验中需要根据指标的特点，选择正确的数据搜集方法。从确立的评估指标体系可知体系中既有客观指标（如人均球台数量，中、高级教练员数量等），也有主观指标（运动员训练比赛满意度、教练员薪酬满意率等），客观指标比较直观，数据测量误差相对主观指标也较小，实证中只需依据各项指标的测量要求做好数据测量工作即能基本保证数据的准确性。

对构建的训练单位绩效评估体系进行实证检验的目的主要是检验体系的合理性和可操作性，根据评估指标体系的各项指标，按照评估信息常用的采集方法，本研究采取多方法结合获取评估信息的办法，包括资料法，即查阅乒羽中心后备人才重点单位中期考核数据，乒羽中心后备人才培养基础调研报告；根据乒羽中心乒乓后备人才文化测试数据库等完成相应评估指标的数据采集。实地测试，即参与乒羽中心乒乓球后备人才选材测试，并承担了实证检验的4所单位283名运动员各项身体素质和技术水平的测试工作，通过实地测试的方法完成相关评估指标的数据采集。问卷调查法，向实证检验单位的运动员和教练员发放调查问卷，完成剩余评估指标的信息采集。本研究采集的实证检验数据情况如表5-1所示。

---

① 陈新汗. 关于评价活动的认识论机制[J]. 哲学研究，1999（2）：7.

表 5-1 实证数据来源情况汇总表

二级观测指标	数据采集方法
1.1 人才输送得分（0.18）	资料法
1.2 竞赛成绩得分（0.12）	资料法
1.3 运动员训练比赛满意度（0.05）	问卷调查
1.4 人均球台数量（0.05）	资料法
2.1 身体素质测试水平（0.04）	实地测试
2.2 技术测试水平（0.08）	实地测试
2.3 周训练课课时量（0.08）	问卷调查
2.4 文化测试成绩（0.06）	资料法
3.1 教练与运动员比例（0.04）	问卷调查
3.2 教练员工作满意度（0.04）	问卷调查
3.3 中、高级教练员数量（0.05）	资料法
3.4 教练员平均在职年限（0.03）	问卷调查
4.1 教练薪酬满意率（0.08）	问卷调查
4.2 训练经费满足率（0.08）	问卷调查
4.3 培训经费满足率（0.03）	问卷调查

实证检验过程即按照评估细则对各项指标的数据进行计算和处理。研究选取了目前乒乓球后备人才训练单位主要的四大类典型代表各一所进行实证数据的采集；同时，本文通过实证数据的运用仅限于对评估体系的实证检验和学术探讨，因此下文以 A（传统三集中）、B（社会办学）、C（体教结合）和 D（教体结合）代替具体的训练单位名称，并以 A（传统三集中）单位为例进行各项指标计算的详细说明，其余单位限于篇幅，直接公布计算结果。

一、人才输送得分

依据 2015 中期考核数据，A 单位人才输送得分为 20，代入效用函数公式

$$f(x) = 20 \div 40 = 0.5$$

$f(x) = 0.5$ 代入"人才输送得分"百分制分值转化公式

$$y = 60 + 40 \times 0.5 = 80$$

即 A 单位"人才输送得分"这项指标的评估得分是 80。

同理,计算得到 4 所单位人才输送得分的结果如表 5-2 所示。

表 5-2 人才输送得分

单位	原始属性值	效用函数值	百分制得分
A(传统三集中)	20	0.5	80
B(社会办学)	40	1	100
C(体教结合)	15	0.375	75
D(教体结合)	30	0.75	90

二、竞赛成绩得分

根据 2015 中期考核数据,A 单位竞赛成绩得分为 40,代入效用函数公式

$$f(x) = 40 \div 40 = 1$$

将 $f(x) = 1$ 代入"人才输送得分"百分制分值转化公式

$$y = 60 + 40 \times 1 = 100$$

即 A 单位"竞赛成绩得分"这项指标的评估得分是 100。

同理,计算得到 4 所单位竞赛成绩的价值评判结果如表 5-3 所示。

表 5-3 竞赛成绩得分

单位	原始属性值	效用函数值	百分制得分
A(传统三集中)	40	1	100
B(社会办学)	40	1	100
C(体教结合)	40	1	100
D(教体结合)	40	1	100

三、运动员训练比赛满意度

根据《训练比赛满意度量表》计算单名运动员满意度得分,以 A 单位的两名队员结果为例。

表 5-4　单个运动员训练比赛满意度得分计算

队员	题项 1	题项 2	题项 3	题项 4	题项 5	题项 6	加总
王××	3	6	3	2	6	3	23
张×	4	5	5	3	4	3	24

注：题项 5 的得分已经从反向计分转化为正向计分的数值。

计算整体满意度得分：

$$整体满意度 = \frac{参与调查的运动员百分制得分总和}{参与调查的运动员人数}$$

$$= \frac{23+24}{2} = 23.5$$

按照上述方法对参与调查的 4 所训练单位的运动员训练比赛满意感进行计算，将整体满意度代入效用函数和价值转化公式：

$$f(x) = \begin{cases} \dfrac{x-6}{42-6}, & 6 \leqslant x \leqslant 42 \end{cases}$$

结果如表 5-5 所示：

表 5-5　运动员群体训练比赛满意度得分

训练单位	有效问卷数	得分总和	整体满意度	效用函数值	百分制得分
A（传统三集中）	76	2270	29.86	0.745	82.24
B（社会办学）	71	2219	31.25	0.789	91.56
C（体教结合）	114	3220	28.24	0.695	87.8
D（教体结合）	52	1400	26.9	0.653	86.125

四、人均球台数量

根据调研报告数据，A 单位长训运动员 170 人，球台数量 120 台，人均球台数量为 120/170=0.71，大于 0.5，根据人均球台数量的效用函数，大于 0.5 时效用函数值为 1。代入"人均球台数量"百分制分值转化公式

$$y = 60 + 40 \times 1 = 100$$

得到 A 单位人均球台数量得分为 100。

同理计算得到所有实证单位的"人均球台数量"得分如表 5-6 所示。

表 5-6 人均球台数量得分

单位	长训人数	球台数量	原始属性值	效用函数值	百分制得分
A（传统三集中）	170	120	0.71	1	100
B（社会办学）	210	71	0.34	0.573	83
C（体教结合）	160	130	0.81	1	100
D（教体结合）	55	18	0.33	0.546	81

五、运动员身体素质水平

以 A 单位运动员王××为例，通过实地测试获得该队员 5 项《大纲》指定的身体素质实测值，将实测值分别对照他所属的 11~12 岁男队员的各项素质测试百分制评价标准，对各项身体素质评分的成绩如表 5-7 所示。

表 5-7 王××身体素质得分

	30 米跑/s	3000 跑/min	立定跳远/cm	45 秒跳绳/次	3.5 米侧滑步/次
实测值	5.06	13.39	203	48	27
百分制得分	78	39	80	48	60
王××身体素质综合得分	（78+39+80+48+60）÷5=61				

按照上述方法，将实地测试的 283 名运动员 30 米跑、3000 米跑、立定跳远、45 秒跳绳和 3.5 米侧滑步的实测值根据《大纲》进行评分，用 Excel 批量计算 4 所训练单位所有 9~10 岁、11~12 岁、13~14 岁参与测试运动员的成绩，将所有队员的综合成绩求和，再求算术平均，然后代入效用函数及价值判断公式

$$f(x) = \begin{cases} \dfrac{x-0}{100-0}, & 0 \leqslant x \leqslant 100 \end{cases}$$

最终得到各训练单位运动员身体素质整体水平的结果如表 5-8 所示。

表 5-8 运动员身体素质整体得分

单位	测试队员数	总分求和	身体素质属性值	效用函数值	身体素质得分
A（传统三集中）	69	3 712	54	0.54	81.6
B（社会办学）	99	4 809	49	0.49	79.6
C（体教结合）	84	3 845	46	0.46	78.4
D（教体结合）	31	1 790	58	0.58	83.2

六、运动员整体技术水平

以 A 单位运动员王××为例，其两项（不定点两面攻和搓球后正手拉）技术的实测值，以及对照评价标准所得的成绩如表 5-9 所示。

表 5-9 王××技术测试得分

不定点两面攻	时间/min	落点	力量	反应时	协调性
实测值	7.52	4	5	5	5
评分	+4	+1			
得分	4+1=5				
搓球后正手拉	时间/min	落点	力量	反应时	协调性
实测值	5.73	4	5	3	5
评分	+2	+1			
得分	2+1=3				
王××技术水平得分	5+3=8				

按照上述方法对 283 名运动员进行技术测试的评分，用 Excel 批量计算 4 所训练单位所有 9～10 岁、11～12 岁、13～14 岁参与测试运动员的成绩，将所有队员的综合成绩求和，再求算术平均得到技术水平属性值，然后代入效用函数值和价值判断公式：

$$f(x) = \begin{cases} \dfrac{x-0}{12-0}, & 0 \leqslant x \leqslant 12 \end{cases}$$

$$y = 60 + 40 f(x)$$

最终得到技术水平得分结果如表 5-10 所示。

表 5-10　运动员技术测试整体得分

单位	测试队员数	总分求和	技术水平属性值	效用函数值	技术水平得分
A（传统三集中）	69	576	8.34	0.695	87.8
B（社会办学）	99	794	8.02	0.668	86.7
C（体教结合）	84	569	6.77	0.564	82.6
D（教体结合）	31	212	6.83	0.569	82.8

七、周训练课时数

分别计算每个运动员周训练时数，如王××周训练时数：4h×7=28（小时）。将各训练单位参与调查的所有运动员周训练时数求和，并计算算术平均数，得到各单位运动员总体周训练时数如表 5-11 所示。

表 5-11　周训练课时数统计

单位	调查队员数	总时数求和	周训练时数
A（传统三集中）	69	2 364	34
B（社会办学）	99	2 272.5	28
C（体教结合）	84	2 073.5	24.6
D（教体结合）	31	1 024	33

根据周训练课时数效用函数

$$f(x) = \begin{cases} 0, & x \leqslant 12 \\ \dfrac{x-12}{21-12}, & 12 < x \leqslant 21 \\ 1, & 21 \leqslant x \leqslant 28 \\ \dfrac{35-x}{35-28}, & 28 \leqslant x \leqslant 35 \\ 0, & x > 35 \end{cases}$$

A 单位 34 小时的周训练时数属于[28，35]的区间，代入相应区间的公式计算得到效用函数值为 0.14，并带入"周训练课时数"百分制分值转化公式

$$y = 60 + 40f(x)$$

将各单位周训练时数计算结果代入相应的效用函数公式,并计算百分制得分结果如表 5-12 所示。

表 5-12　周训练时数百分制得分

单位	原始属性值	效用函数值	周训练时数得分
A（传统三集中）	34	0.14	65.7
B（社会办学）	28	1	100
C（体教结合）	24	1	100
D（教体结合）	33	0.285	71.5

八、文化测试成绩

检索乒羽中心后备人才文化教育办公室赛前标准文化测试成绩数据库,分别对 4 所训练单位运动员在"全国乒乓球后备人才训练单位总决赛""乒乓球后备人才训练单位分区赛""全国少年锦标赛决赛"和"全国少年锦标赛分区赛"的文化测试成绩求和,并求出每个训练单位运动员的平均成绩,代入效用函数和价值判断公式

$$f(x) = \begin{cases} \dfrac{x-0}{100-0}, & 0 \leqslant x \leqslant 100 \end{cases}$$

$$y = 60 + 40f(x)$$

计算结果如表 5-13 所示。

表 5-13　文化测试成绩

单位	考试总人次数	总分求和	文化测试指标属性值	效用函数值	文化测试得分
A（传统三集中）	32	2 272	71	0.71	88.4
B（社会办学）	33	2 710	82	0.82	92.8
C（体教结合）	48	3 914	82	0.82	92.8
D（教体结合）	33	2 376	72	0.72	88.8

九、教练与运动员比例

首先根据下式计算出每个训练单位平均每个教练员负责的运动员人数

$$教练与运动员比例=\frac{每个教练负责运动员人数求和}{教练员总人数}$$

根据效用函数计算出效用函数值

$$f(x)=\begin{cases} 0, & x\leq 2 \\ \dfrac{x-2}{8-2}, & 2<x\leq 8 \\ 1, & 8<x\leq 12 \\ \dfrac{20-x}{20-12}, & 12<x\leq 20 \\ 0, & x>20 \end{cases}$$

将效用函数值代入百分制分值转化公式

$$y=60+40f(x)$$

4 所训练单位的"教练员与运动员比例"计算情况如表 5-14 所示。

表 5-14 教练员与运动员比例得分

单位	参与调查的教练数量	教练人均负责队员数	效用函数值	百分制得分
A（传统三集中）	17	17.2	0.35	74
B（社会办学）	18	15.7	0.54	81.5
C（体教结合）	8	11.0	1	100
D（教体结合）	8	15.4	0.58	83

注：总教练的数据不参与计算，分别是 A 单位的"张××"和 D 单位的"臧××"。

十、教练员工作满意度

将每个教练员 MSQ 问卷 20 道题目的分数加总得到单个教练员满意度得分，然后根据公式

$$教练整体工作满意度百分制得分=\frac{教练员工满意度得分总和}{参与调查的教练员人数}$$

得到一所训练单位教练员工作满意度的整体情况,并代入效用函数和转化公式

$$f(x) = \begin{cases} \dfrac{x-20}{100-20}, & 20 \leqslant x \leqslant 100 \end{cases}$$

$$y = 60 + 40f(x)$$

由此,4 所训练单位教练员整体工作满意度计算结果如表 5-15 所示。

表 5-15　教练员工作满意度得分

单位	参与调查的教练数量	所有教练得分总和	教练工作满意度指标属性值	效用函数值	教练工作满意度得分
A（传统三集中）	18	1 375	76	0.7	88
B（社会办学）	18	1 453	81	0.762	90.5
C（体教结合）	8	631	79	0.737	89.5
D（教体结合）	9	706	78	0.725	89

十一、中、高级教练员人数

根据调研报告获得 4 所训练单位的"中、高级教练员人数",并依照效用函数及转换公式计算得分

$$f(x) = \begin{cases} 0, & x < 1 \\ \dfrac{x-1}{4-1}, & 1 \leqslant x \leqslant 4 \\ 1, & x > 4 \end{cases}$$

$$y = 60 + 40f(x)$$

结果如表 5-16 所示。

表 5-16　中、高级教练员人数得分

单位	中、高级教练员人数	效用函数值	百分制得分
A（传统三集中）	2	0.33	73.2
B（社会办学）	3	0.67	86.7
C（体教结合）	5	1	100
D（教体结合）	4	1	100

十二、教练员平均在职年限

根据公式

$$\text{教练员平均在职年限} = \frac{\text{教练员在职年限总和}}{\text{教练员总人数}}$$

求出4所训练单位教练员平均在职年限，进而计算效用函数值

$$f(x) = \begin{cases} \dfrac{x-0}{5-0}, & 0 \leqslant x \leqslant 5 \end{cases}$$

代入"教练平均在职年限"百分制得分公式

$$y = 60 + 40f(x)$$

结果如表5-17所示。

表5-17　教练员平均在职年限得分

单位	教练员人数	总在职年限	教练员平均在职年限	效用函数值	百分制得分
A（传统三集中）	18	68	3.78	0.756	90.24
B（社会办学）	18	56	3.11	0.622	84.88
C（体教结合）	8	32	4	0.8	92
D（教体结合）	9	34	3.78	0.756	90.24

十三、教练员薪酬满意率

根据公式

$$\text{教练薪酬满意率} = \frac{\text{选择非常满意的人数} + \text{选择比较满意的人数}}{\text{参与调查的总人数}} \times 100\%$$

计算各训练单位教练员薪酬满意率，并代入效用函数和得分转化公式

$$f(x) = \begin{cases} 0, & x < 0.1 \\ \dfrac{x-0.1}{0.7-0.1}, & 0.1 \leqslant x \leqslant 0.7 \\ 1, & x > 0.7 \end{cases}$$

$$y = 60 + 40f(x)$$

"教练员薪酬满意率"结果如表5-18所示。

表 5-18　教练员薪酬满意率得分

单位	参与调查教练人数	满意人数	满意率	效用函数值	百分制得分
A（传统三集中）	18	7	39%	0.483	79.3
B（社会办学）	18	7	39%	0.483	79.3
C（体教结合）	8	0	0%	0	60
D（教体结合）	9	2	22%	0.2	68

十四、训练经费满足率

根据公式

$$训练经费满足率 = \frac{选择非常满足的人数 + 选择比较满足的人数}{参与调查的总人数} \times 100\%$$

计算出各训练单位训练经费满足率，并代入效用函数和得分转化公式

$$f(x) = \begin{cases} 0, & x < 0.1 \\ \dfrac{x - 0.1}{0.7 - 0.1}, & 0.1 \leqslant x \leqslant 0.7 \\ 1, & x > 0.7 \end{cases}$$

$$y = 60 + 40 f(x)$$

"训练经费满足率"结果如表 5-19 所示。

表 5-19　训练经费满足率得分

单位	参与调查教练人数	满足人数	满足率	效用函数值	百分制得分
A（传统三集中）	18	12	67%	0.95	98
B（社会办学）	18	16	89%	1	100
C（体教结合）	8	4	50%	0.67	87
D（教体结合）	9	4	44%	0.57	83

十五、培训经费满足率

根据公式

$$培训经费满足率 = \frac{选择非常满足的人数 + 选择比较满足的人数}{参与调查的总人数} \times 100\%$$

计算出各训练单位培训经费满足率，并代入效用函数和得分转化公式

$$f(x) = \begin{cases} 0, & x < 0.1 \\ \dfrac{x-0.1}{0.7-0.1}, & 0.1 \leqslant x \leqslant 0.7 \\ 1, & x > 0.7 \end{cases}$$

代入百分制得分转化公式

$$y = 60 + 40 f(x)$$

"培训经费满足率"评估结果如表 5-20 所示。

表 5-20　培训经费满足率得分

单位	参与调查教练人数	满足人数	满足率	效用函数值	百分制得分
A（传统三集中）	18	10	56%	0.77	91
B（社会办学）	18	10	56%	0.77	91
C（体教结合）	8	2	25%	0.25	70
D（教体结合）	9	2	22%	0.25	70

十六、完成综合评估得分计算

将各项指标属性值通过效用函数和百分制得分公式规范化，结果如表 5-21 所示。

表 5-21　4 所单位各项观测指标得分汇总

观测指标	A（传统三集中）	B（社会办学）	C（体教结合）	D（教体结合）
1.1 人才输送得分（0.18）	80	100	75	90
1.2 竞赛成绩得分（0.12）	100	100	100	100
1.3 运动员训练比赛满意度（0.05）	89.8	91.56	87.8	86.12
1.4 人均球台数量（0.05）	100	82.92	100	81.84

续表

观测指标	A（传统三集中）	B（社会办学）	C（体教结合）	D（教体结合）
2.1 身体素质测试水平（0.04）	81.6	79.6	78.4	83.20
2.2 技术测试水平（0.08）	87.8	86.72	82.56	82.76
2.3 周训练课课时量（0.08）	65.6	100	100	71.40
2.4 文化测试成绩（0.06）	88.4	92.8	92.8	88.80
3.1 教练与运动员比例（0.04）	74	81.6	100	83.20
3.2 教练员工作满意度（0.04）	88	90.48	89.48	89
3.3 中、高级教练员数量（0.05）	73.2	86.8	100	100
3.4 教练员平均在职年限（0.03）	90.24	84.88	92	90.24
4.1 教练薪酬满意率（0.08）	79.32	79.32	60	68
4.2 训练经费满足率（0.08）	98	100	86.8	82.80
4.3 培训经费满足率（0.03）	90.8	90.8	70	70

根据综合评估的合成公式

$$y = \frac{x_1\omega_1 + x_2\omega_2 + \cdots + x_n\omega_n}{\omega_1 + \omega_2 + \cdots + \omega_n} = \frac{\sum_{i=1}^{n} x_i\omega_i}{\sum_{i=1}^{n} \omega_i}$$

以 A 单位的得分为例：

$$\begin{aligned}
y_{A单位} &= \frac{x_1\omega_1 + x_2\omega_2 + \cdots + x_n\omega_n}{\omega_1 + \omega_2 + \cdots + \omega_n} \\
&= (0.18 \times 80 + 0.12 \times 100 + 0.05 \times 89.8 + 0.05 \times 100) + \\
&\quad (0.04 \times 81.6 + 0.08 \times 87.8 + 0.08 \times 65.6 + 0.06 \times 88.4) + \\
&\quad (0.04 \times 74 + 0.04 \times 88 + 0.05 \times 73.2 + 0.03 \times 90.24) + \\
&\quad (0.08 \times 79.32 + 0.08 \times 98 + 0.03 \times 90.8) \div 1 \\
&= 35.89 + 20.84 + 12.85 + 16.91 \\
&= 86.49
\end{aligned}$$

(注：每个括号内各项二级指标属于同一个一级指标，方便对结果进行展现和解读。)

同理可得余下 3 所训练单位绩效综合评估结果和排序如表 5-22 所示。

表 5-22 训练单位绩效综合评估得分

单位	综合得分
A（传统三集中）	86.49
B（社会办学）	93.25
C（体教结合）	87.38
D（教体结合）	86.35

至此，实证检验的 4 所训练单位绩效综合评估结果计算完成。

第二节 评估体系实证检验结果的分析与讨论

评估的最终目的，是希望以直观的形式产生评估报告或反馈，以发现优良之举，探测不足之处。有效的绩效评估体系可以让训练单位自评自鉴，利于各单位自发地不断改进，这就需要考察评估体系能否反映训练单位绩效的优异与薄弱之处，即诊断性。对于乒羽中心等政府管理部门而言，有效的评估体系则利于决策之需，因此需要考察评估体系在实证中能否在客观反映训练单位绩效的同时，其结果符合乒羽中心相关后备人才培养战略的要求，即导向性。

研究通过实证检验已经将各训练单位的绩效通过各二级指标的具体观测点以较精确的量化结果呈现，但是量化的计算结果本身只是一种绩效评测，虽然这种评测本身就含有绩效评估和管理的功能，但评估实践中往往需要从这些绩效评测的结果中总结、提炼出更加有效的信息，结合评估客体的实际情况和社会背景进行分析，才能真正发挥评估的功能。因此，研究在产生评估反馈时按照如下思路进行。

将各项指标绩效测评的结果参照既定的评估标准对各项指标的评估结果

进行评级，以利于评估结果的定性归纳和分析。在对评估结果进行解读的过程中，根据各训练单位的实际情况进行分析以提高针对性。本研究很重视评估的实证基础，在使用运动员问卷和教练员问卷搜集评估信息的同时，也在问卷中设计了相应的调查问题，以此发掘绩效评估指标背后的影响因素，增加评估体系的解释性。以雷达图和表格的形式进行评估反馈，让评估信息更加直观。

出于篇幅，下文不一一对4所单位评估结果进行详细分析，仅以A单位为例进行重点分析讨论，以此为各训练单位提供绩效评估结果分析、绩效诊断、绩效反馈和发展建议的操作范本。再者，根据4所单位的评估结果对评估体系的导向性进行论述。

一、评估体系诊断实例

（一）A单位绩效评估结果

A单位训练绩效详细评估结果如表5-23所示。

表5-23　A单位绩效评估结果

评估层次	指标	得分	评级	指标	得分	评级
二级指标	人才输送情况	80	良	教练员人力情况	74	中
	竞赛成绩情况	100	卓越	教练员工作满意度	88	优
	训练比赛满意度	89.8	优	教练团队业务素质	73.2	中
	训练设施满足需要情况	100	卓越	教练团队稳定性	90.24	优
	运动员身体素质水平	81.6	良	教练薪酬满意情况	79.32	良
	运动员技术水平	87.8	优	训练竞赛经费满足情况	98	卓越
	训练时数安排	65.6	差	经费满足教练学习情况	90.8	优
	文化成绩	88.4	优			
一级指标	客户得分	92.45	优	学习与成长得分	81.36	良
	内部流程得分	80.85	良	财务得分	89.37	优
综合得分：86.49　评估结果：优						

宏观方面，A单位财务（89.37）和客户维度（92.45）表现优秀，学习与成长（81.36）和内部流程（80.85）表现良好，整个单位发展较均衡，综合得分86.49分，绩效评估综合结果为优秀。说明A单位在绩效的四个维度方面能够形成"财务提供支持—学习成长打造教练团队—内部流程提高人才培养效益—满足客户需求"的良性循环因果关系链条，在单位建设和人才培养方面均具备了一定的可持续发展的能力，但是学习与成长（81.36）和内部流程（80.85）的得分相比于客户（92.45）和财务（89.37）维度的得分则偏低，要高度重视。因为低绩效的学习与成长表现将导致良好的财务支持无法充分发挥其作用，同时依靠学习与成长支撑的内部流程和客户也将受到影响，最终让整个良性循环的因果关系链断裂，训练单位绩效降低。为避免训练单位平衡计分卡中间两大衔接维度塌陷，改善目前"头脚重、中间轻"这种存在隐患的绩效表现，提高学习成长维度和内部流程维度这两个方面是A单位接下来的工作中要进一步提高的地方。

（二）雷达图绩效诊断

以二级指标的得分制作雷达图能够直观反映出A单位绩效表现的具体情况，为深入探讨提供现实状态诊断。如图5-1所示，从雷达图绩效诊断结果可以看出A单位的发展尚未达到各项指标均衡优秀，而是呈现"优劣分明，具有潜力"的特征，其各项优势环节、劣势环节和潜在的机遇与挑战环节如下。

（1）优势环节：从A单位绩效雷达图最外层靠近100分的指标可知，该单位表现优秀和卓越的环节主要是竞赛成绩、训练设施满足训练需求、训练经费和教练培训经费有保障。

（2）劣势环节：在雷达图最内部两个同心圆，评估得分低于80的指标是A单位表现中等和差的绩效环节，包括人才输送、训练课时安排、教练人力情况、教练团队业务素质和教练对薪酬的满意情况。

（3）潜在机遇和挑战：雷达图中部，得分位置处在80~90分的指标处理得当则有望成为新的绩效增长点，如果没有足够重视，则可能转变为降低绩效和影响可持续发展的劣势环节。A单位潜在的机遇和挑战主要包括运动员训练比赛满意度、运动员身体素质、运动员技术水平、运动员文化成绩、教练员工作满意度和教练团队稳定性。

A单位

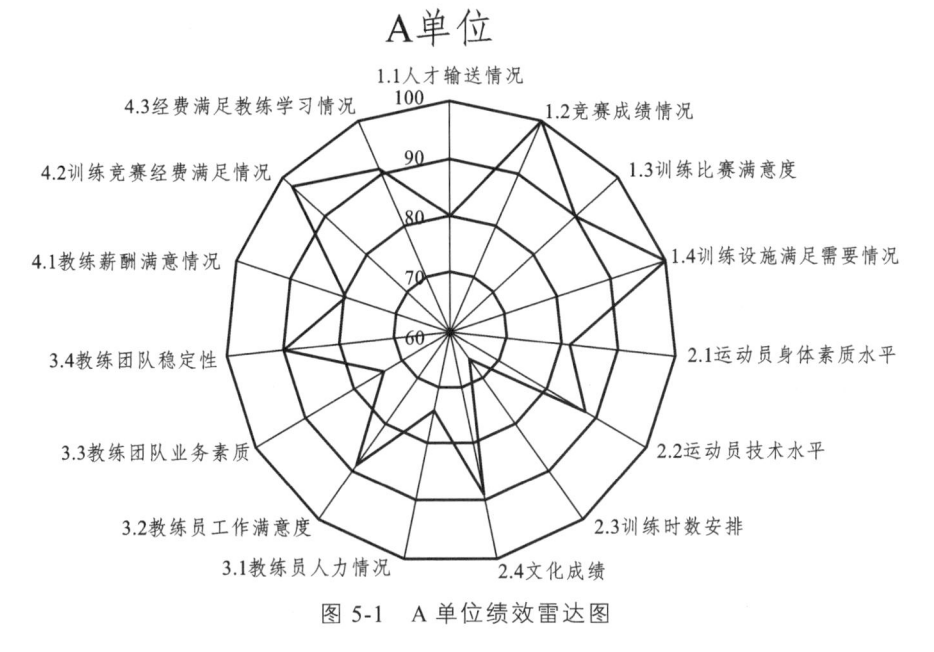

图 5-1　A 单位绩效雷达图

（雷达图指标：1.1 人才输送情况、1.2 竞赛成绩情况、1.3 训练比赛满意度、1.4 训练设施满足需要情况、2.1 运动员身体素质水平、2.2 运动员技术水平、2.3 训练时数安排、2.4 文化成绩、3.1 教练员人力情况、3.2 教练员工作满意度、3.3 教练团队业务素质、3.4 教练团队稳定性、4.1 教练薪酬满意情况、4.2 训练竞赛经费满足情况、4.3 经费满足教练学习情况）

（三）A 单位绩效诊断结果分析

1. 优势环节

A 单位作为传统的国家乒乓球训练单位，有长达 30 多年的发展历程，与国家乒乓球队有着较为密切的渊源。在本次评估中，三项指标达到了"卓越"水平，其中"训练设施满足需要情况"方面，该单位的场馆建制和硬件配备得到了各级党委政府和国家体育总局的大力支持，拥有高标准训练场馆两座，每座 1000 平方米，具备承办国家队集训、全国锦标赛等高规格训练和比赛的能力；在"竞赛成绩情况"方面，该单位历史上曾培养出几十位世界冠军，堪称世界冠军的"摇篮"，本次评估周期内，该单位竞赛成绩达到了乒羽中心考核标准的满分，后备人才取得 2014 年全国中学生运动会女团第二、2014 年全国中学生锦标赛男团第二等优异成绩。在"训练竞赛经费满足情况"方面，该单位拥有国家差额拨款、自主创收等多方面渠道，使其经费相对充裕，且该单位十分重视训练设施建设与训练竞赛经费的保障，资金投入力度较大，为队员高质量、高效率地完成训练和比赛任务提供保障。

2. 劣势环节

A 单位劣势指标集中反映在"教练员人力情况""教练团队业务素质"和

"训练时数安排"三方面。"教练员人力情况"方面，A单位的教练员与运动员人数比达到1:17.2，与同类单位的1:12~1:15范围相去甚远，教练人手不足的问题凸显，使得教练员没有充沛的精力去投入到每位运动员身上，从而造成教练员的精力不足和运动员的较大"浪费"。

"教练团队业务素质"方面，一定数量的中、高级教练员是打造核心教练团队的主心骨，防止教练团队一盘散沙；同时，高级教练员的各项业务素质可以引领整个教练团队的进步方向，帮助年轻教练的成长，A单位虽然有少数经验丰富、业务素质较高的教练，但整体上团队业务素质有待提高，目前只有中级职称教练员2人，没有高级教练员。目前教练团队中有相当一部分教练员是本单位退役运动员，调查中了解到，部分教练员由于竞技水平无法提高，且文化成绩较差造成自身出路不畅，没有找到较理想的工作的背景下暂时以兼职教练的身份在单位"缓冲"一下，其工作敬业程度、业务素质以及对自身再提高的要求均较低，且流动性较大，造成教练团队不稳定，队员需要经常适应新教练，单位对教练员队伍的管理工作量也增加。再者，教练员整体的再学习机会相对较少，系统接受专业理论知识培养较少，对乒乓球项目的发展规律把握以及现代化科学训练方法的应用能力相对较低，主要依靠自身过去的实践经验带队训练和比赛，例如有部分教练员对身体素质的理解基本停留在"素质=力量"的单一维度，训练中不知针对性地对速度素质、灵敏素质的加强，身体素质训练集中在大量的力量练习，训练后的恢复训练不足，导致队员疲劳、损伤的情况时有发生。从该单位教练员问卷调查的反馈结果显示，有78%的教练员反映教练人手不足，39%反映敬业程度下降，33%反映教练队伍不够稳定以及28%反映教练业务素质不高，这与评估体系的测评得分偏低较一致，说明目前该单位较凸显的问题是教练团队建设。

在"训练时数安排"方面，A单位得分65.6，评级为差的原因并非训练时数得不到保障，而是训练时数超过了《大纲》对业余训练最大上限（24小时每周）的标准。从积极的角度讲，A单位严格保障了运动员的训练时数，这对提高乒乓球水平无疑是很重要的，但是超过限度的训练时数必然挤占运动员的学习时间和精力，不利于全面发展，因此，从提高训练效益，防止过度训练、不打消耗战的理念来讲，提倡的是合理安排训练时数。

3. 机遇和挑战

从中国乒乓球后备人才培养数量和质量的规划来看,国家在 2020 东京奥运周期计划加大体教结合力度,在国家级、省级传统学校中乒乓球参训人数达到 10 000 人,从事高水平竞技乒乓球运动的 11~17 岁(省市级人才梯队)年龄段人数达 2100 人,14~17 岁(国家级人才梯队)年龄段人数达 1150 人;到 2024 年奥运周期,上述三大部分后备人才规模则相应增长到 12 000 人, 2 200 人和 1 250 人。在文化教育方面,在 2020 周期实现 15 岁以上少年乒乓球运动员真正完成 9 年义务教育的目标,在运动员个体上能够体现当今社会发展对人才各方面的需求,表现出较高的运动能力和综合素质;2024 年奥运周期要最大限度实现体育与教育在人才培养方面的融合促进,90%进入国家队的青年运动员文化成绩优异,乒乓球运动员退役后能从事管理、科技、宣传、文化等领域的相关工作[①]。在对乒乓球人才有巨大需求,国家战略支持以及社会客观要求等外部机遇的环境下,A 单位人才培养状况是存在相应可力争"卓越"的潜在增长点的,主要包括几项评级为"优秀"的指标。其中"运动员技术水平"和"文化成绩"属于运动员培养范畴,是"第三次创业"关注运动员培养的核心内容之一,说明该单位贯彻实施了"第三次创业"的精神,在为打造全面的复合型人才而努力,但其评分目前处于"优秀"的末段,究其原因,一方面是有效的"体教结合"还处在探索积累阶段。调查中了解到,A 单位曾试图与周边重点中学以合作办学或挂靠等形式进行该单位体教结合的实践探索,但由于教育系统的中学有自身升学率等重要指标,顾虑运动员的挂靠对其升学率造成影响。如今,在不断尝试和寻求合作的努力下,该单位在拓宽成才渠道,解决运动员后顾之忧方面取得成效,与近十所高校签署了合作协议,逐步形成小学、初中、中专、大学一条龙人才培养输送网络,拓宽输送渠道。

运动员文化成绩评估结果 88.4 分,评级为优,说明 A 单位对运动员的文化教育取得一定成效。但是目前对运动员文化成绩的统一测评是乒羽中心后备人才文化教育办公室根据题库开展的测验性考试。目前大多数训练单位运动员的文化教育停留在赛前集中时间进行"文化学习"的低层面上,具体表

---

① 国家体育总局青少年体育司. 奥运项目竞技体育后备人才培养中长期规划——乒乓球项目竞技体育后备人才培养中长期规划(2014—2024)[M]. 北京:人民体育出版社,2014:484-488.

现为大多数运动员赛前突击背诵题库应付考试，运动员的文化学习仍然停留在被动的应付层面，缺乏主动性和延续性，教练员存在从长远培养后备人才的高度上来理解运动员文化教育的问题。乒羽中心计划在2021年取消题库考试，对乒乓球后备人才文化水平提出达到同龄学生的正常水平的要求。因此，A单位不论出于应对未来挑战还是出于对后备人才的全面培养，都要在现行基础上更加重视和提高运动员文化水平。

目前中国乒乓球后备人才训练单位还普遍面临着招生困难、运动员流失严重、教练员匮乏、学校训练缺失、学训矛盾尖锐等问题。造成这些问题的原因是多方面的，除了训练单位自身问题，客观来讲，各类培训机构兴起使传统训练单位职能弱化，独生子女政策和对未来出路顾虑等因素导致家长支持力度骤降，后备人才培养的评价标准单一，出路不畅等是训练单位面临的主要威胁。在这样的背景下，结合评估结果来看，A单位虽然在"教练员工作满意度""教练团队稳定性"评分分别为88分、90.24分，评级为"优"，但分数处在"优秀"的末段，需要引起重视，对外在威胁做好防患于未然的工作。在调查过程中了解到，该训练单位的教练员较为缺少自我职业发展规划能力，工作的方向感、使命感有所欠缺，是需要进一步加强的工作内容。同时，随着我国竞技后备人才培养从原先的体育系统独办逐渐转化为体育系统、教育系统、社会力量的多元化格局，尤其是各种社会培训机构让训练单位的职能受到弱化，加上新时期人们价值观念的转变，很多青年教练不愿受训练单位规章制度约束，同时受社会培训机构相对更好的薪酬待遇影响而不愿待在训练单位敬业奉献，造成目前退役的优秀运动员有相当一部分不愿意到基层当教练的大背景，有相当一部分没有经过专门训练和培训的教练员担负起了教练员的责任，使得目前教练团队质量下降，在训练组织和指导方面比较粗放，难以对后备人才的成长精雕细刻，造成训练总体效益不高，难以保证后备人才训练的系统性和长远培养计划的有效实施。

（四）A单位总体发展战略建议

根据上述对A单位绩效评估"优劣分明，具有潜力"的特点，为其提出如下发展建议供参考。

（1）立足优势发挥效能，合理分配、利用资源。

A单位具有优秀的历史背景和冠军文化，充分利用其队伍的"荣誉感"

和"使命感"激发单位管理者、教练员、运动员的工作积极性,培养其归属感和责任意识;同时,充分合理利用场地设施,积极承接国内外赛事和国内外队伍的集训,大胆探索自主创收渠道,敢于进行商业化尝试,并以自身运动员队伍的训练和竞赛为核心,进行资金配备。

(2)完善队伍,打造核心团队,做好教练员团队建设4个层次的工作。

首先保障训练基本需要,即保障教练员的数量层面;其次是训练质量的保障,即教练员业务素质层面的保障;再者是训练工作稳定有序的基本保障,即教练员队伍的相对稳定性,以及工作者能长期保持较好工作状态,即工作满意度的保障。根据自身情况,在日常工作中对上述层面的状况进行监控并采取相应措施,努力打造具有学习型组织特征的教练团队,从待遇、职称晋升、社会地位变化等多方因素切实考虑教练员的利益和诉求,营造良好的工作氛围,加强上下级和同事间的沟通,努力提高教练员工作满意度,提高教练员敬业程度、长久保持严谨的工作态度,持续提高人才培养工作的质量,创造新的绩效增长点。

(3)扬长避短,体教结合培养复合型人才。

积极探索符合训练单位情况的"体教结合"模式,将学生运动技能的提高与文化教育的培养置于同等重要的位置,发挥训练单位优良的训练传统以及多方合作的教育资源优势,改善目前靠投入超标训练时数"打消耗战"以换取人才输送和竞赛成绩的做法,重点考虑提高教练团队业务素质和学训的科学安排,在合理的训练时数区间提高训练科学化水平和人才培养效益。以文化考核和运动竞赛为双重调控措施,在学生的招生、选拔、分配、流动等工作中公开、公正,并根据不同时期学生的不同发展潜力分级制订培养目标,从而在真正实现"体教结合"的培养过程中打造出适应当前形势和市场要求的乒乓球后备人才。

(4)积极防御,提供保障,赢得人心。

在教学训练中贯彻"以人为本"的理念,坚持以人格塑造为核心,以培养青少年参加乒乓球运动的兴趣、动机与目标为导向,以传授乒乓球基本技能与相关知识为途径,以提高身体素质、技术水平、心智能力和文化水平为重点,切实关注学生身心健康的培养和提高。进一步优化教学、训练环境,师资力量和教练团队建设,坚持教练员、管理者、教育者齐抓共管,赢得家长和孩子的信任,缓解运动员流失。在训练竞赛经费保障的同时,加大对教练员培训经费的投入力度，同时适当提高教练员薪酬待遇，让教练员切身感受到自己在基层辛苦付出与收获是匹配的，从而产生激励效果，提高教练员工作满意度、敬业心以及归属感，防止教练员流失。

二、评估体系导向性分析

将4所训练单位各一级指标的得分、综合评估结果以及乒羽中心现行使用的评估体系所得结果进行对比和分析。与现行评估体系对比并非要以其为最终的标杆和参照，以符合其结果为目的，而是通过两个评估体系排序和分值的对比，结合4所训练单位目前的各方面发展情况，从一个侧面佐证本研究构建的评估体系的导向性与综合性，结果如表5-24所示。

表5-24 训练单位两套评估体系结果对照

单位	现行评估体系得分	现行体系排序	现行体系评级	新体系评估得分	新体系排序结果	新体系评级
A（传统三集中）	75	3	层次三	86.49	3	优
B（社会办学）	99	1	层次一	93.25	1	优
C（体教结合）	75	3	层次三	87.38	2	优
D（教体结合）	90	2	层次二	86.35	4	优

从宏观的综合评估总体结果来看，以竞赛成绩和人才输送为主导（占80分）的中期考核，A、B、C、D四所单位的得分和排序依次为75分（第三），99分（第一），75分（第三），90分（第二）；本研究构建的体系得到的综合评估得分和排序依次为86.49（第三），93.25（第一），87.38（第二）和86.35（第四）。B单位以其各方面均取得优异表现在两套评估体系中均排第一，两套评估体系中，B单位的具体分值（99分和93.25分）与其他三所单位的具体分值的距离在新体系中也较精确地反映出来。这表明研究构建的评估体系能够切实反映出在总体绩效表现卓越的训练单位，评估结果与实际情况是比较符合的。

现行评估体系中D单位以90分排名第二，而在本研究构建的评估体系却"突兀"地以86.35分滑落到第四，但从具体分值来看，除了B单位的得分，其余三所训练单位的得分并没有显著差异，属于同一档次，均是比较优秀的。其实，这样的结果并无异常，原因在于本研究构建的评估体系并非以成绩为导向，而是综合考虑多项因素，这样就避免了人才输送和竞赛成绩在短时间跨度内偶然性较大的因素，导致以输送和成绩为主导的评估无法客观反映出训练单位更多方面情况，忽视训练单位目前具有很多未来人才培养潜力的因素，让评估结果出现偏颇，即本研究构建的评估体系是能够反映训练单位客观情况的。这一点可以从中观层面的结果中得到说明，如表5-25所示的4所训练单位平衡计分卡绩效各维度的一级指标评估得分情况。

表5-25 训练单位绩效4个维度的评估结果和排序

	A（传统三集中）	B（社会办学）	C（体教结合）	D（教体结合）
客户得分	92.45	93.62	90.70	89.49
客户排序	2	1	3	4
客户评级	优	优	优	优
内部流程得分	80.85	89.78	88.44	81.54
内部流程排序	4	1	2	3
内部流程评级	良	优	优	良
学习成长得分	81.36	85.94	95.37	90.61
学习成长排序	4	3	1	2
学习成长评级	良	优	优	优
财务得分	89.37	90.04	72.27	73.60
财务排序	2	1	4	3
财务评级	优	优	中	中

从一级指标情况来看，由于评估体系根据平衡计分卡对训练单位绩效的动因和结果进行更加全面的考察，弱化了人才输送和竞赛成绩分值的决定性地位，有助于反映训练单位未来持续发展的能力。C单位虽然本评估周期内人才输送结果在4所单位中最低，但是，其内部流程和教练团队质量的评估结果均是优秀的，其优质的教练团队和体教结合各项工作的落实对培养全面发展运动员的潜力得到了体现，评估体系降低了短时间跨度内竞技后备人才输送和竞赛成绩的对评估结果造成不确定性和波动性，根据C单位的评估结果，有理由推论该单位在未来不断探寻体教结合培养乒乓球后备人才的工作

中有较大潜力。因此，对于相关政府管理部门而言，可以参考评估结果调整对该单位的资金奖励、资源分配以及其他管理工作，从更加注重长远发展的角度进行有限资源的有效投资。

综上所述，研究构建的体系既能反映出绩效优秀的单位：单位B在两个体系中均排第一，说明其导向与乒羽中心要求保持竞技水平的目标相一致；同时其评价是综合性的，能够反映出训练单位是否具有可持续发展的潜力。这样的体系符合乒乓球第三次创业的核心精神，其考核的战略意义与目前乒乓球后备人才培养的趋势相一致，对于乒羽中心等政府部门而言，这套体系为其对训练单位的监控、考核与评定提供了一套科学的工具；对各训练单位而言，则为其提供了一套自身监控、不断改进的有效工具。

第三节 评估体系实证检验的结论、建议与后续研究

本研究的主要脉络如表5-26所示。

表5-26 研究脉络一览

阶段	主要工作	研究方法	具体方法	统计检验
1 理论构建	概念模型	文献法	平衡计分卡法 绩效评估	无
2 概念模型具体化	条目搜集	文献资料、实地调查	文献资料、实地调查	无
3 初拟指标体系	指标构建	德尔菲法（第1轮）	焦点小组访谈	无
4 指标体系优化	指标粗筛选	德尔菲法（第2轮）	半数原则筛选	半数原则
	指标精筛选（1）	德尔菲法（第3轮）	秩和比法	肯德尔和谐系数
	指标精筛选（2）	德尔菲法（第4轮）	秩和比法	肯德尔和谐系数

续表

阶段	主要工作	研究方法	具体方法	统计检验
5 确定权重	确定权重	德尔菲法（第5轮）	AHP层次分析法	AHP判断矩阵一致性检验
6 评估细则制定	指标规范化	文献、调查	效用函数	无
7 实证检验	数据搜集，结果计算	文献资料、问卷调查	线性加权	问卷量表克朗巴赫α系数
8 评估结果分析与讨论	绩效影响因素及改进	问卷调查、实地调查、逻辑分析		无

从理论构建，概念模型构建，概念模型具体化，指标体系优化，权重确定，到评估细则制定和实证检验所运用的研究方法和统计检验均符合相关要求，实证结果表明评估体系较科学合理，可以依据各阶段的研究结果进行研究结论的抽象概括和定性总结。

一、主要结论

第一，本研究以系统科学、评估指标体系构建理论和平衡计分卡为依据的三层次理论体系构建了乒乓球后备人才训练单位绩效评估体系，这三个层次理论体系层层衔接，联系紧密，使训练单位的绩效评估既有理论支撑，同时也具有实践性。

第二，本研究完成了训练单位绩效评估体系的初拟、优化、权重确定等工作，方法公认，结果可靠。评估体系每一项评估指标都导向明确，主次分明，权重合理，有助于引导乒乓球后备人才培养在保持竞技水平的同时实现可持续发展。

第三，本研究构建的训练单位绩效评估体系符合平衡计分卡战略实施的因果逻辑，既有反映训练单位可持续发展能力的驱动性指标，又有人才培养重要方面的结果指标。总指标数量精简合理，覆盖全面，涵盖了训练单位绩效评估的人力、物力、财力和成效，既关注结果，也关注过程，能够以合理的评估工作量相对完整客观地反映训练单位的绩效。

第四，从评估体系指标的类型来看，评估体系以12项定量指标为主，3项定性指标为辅，有利于客观地对训练单位的绩效进行测评，整个体系符合"定性、定量相结合"的要求；同时，评估体系10项客观指标有效提高了评估体系的客观性，5 项主观指标作为运动员、教练员的信息反馈渠道，实现了评估参与者的多元化，能够提高评估结果的整体综合性和科学性。

第五，实证检验的结果表明，本研究构建的绩效评估体系科学可靠，具有诊断性：可较精确地对训练单位的绩效进行量化评估，诊断出训练单位绩效的优异和薄弱之处，有利于各训练单位自评自鉴、自知自觉地进行绩效改进。同时，评估体系所体现出的导向性与"保持竞技水平的同时实现可持续发展"的人才培养战略一致，可为乒羽中心等政府部门的管理决策提供有效依据。

二、主要建议

第一，本研究构建的绩效评估体系主要针对中国乒乓球第一、第二层次后备人才培养的训练单位，此体系根据各级别、各类型训练单位人才培养过程中的共同要素进行构建，具有较强的普适性。建议乒羽中心在对训练单位进行综合评估时参考此体系进行绩效评估，建议中国乒协在扶持落后的训练单位，重点发展精品单位，形成乒乓球后备人才训练单位横向不断扩张，纵向不断提高的发展战略进行决策时，可充分利用本研究进行绩效评估研究所获得的有关资料和设计的相关工具。

第二，本研究很重视评估的实证基础，通过多种方法采集评估数据是为了使评估参与者更加多元化，从而从多个角度搜集信息。本研究设计的运动员问卷和教练员问卷包含了与绩效评估体系主要影响因素相配套的调查问题，各评估主体在使用此体系时最好将运动员问卷和教练员问卷配套使用，以利于挖掘绩效评估指标背后的影响因素，增加评估结果的解释性，从而针对性地做出绩效改进的具体措施。

第三，本研究对训练单位绩效评估体系的设计体现了对后备人才培养增值原理的关注，评估方案、评估指标、评估标准对训练单位未来的工作和发展具有一定的引导性。但要发挥其长期和显著的效果则需要建立稳定的评估机制才有评估作为增值原理发挥效用的实践基础。建议乒羽中心进行 4 年一次的训练单位综合评估，在平常的考核、中期审查等工作中可参照本研究构建的体系，以利于评估工作定期化、制度化，为未来各训练单位横向比较和训练单位自身纵向发展积累更加全面的数据，为提高训练单位信息化管理水平打下基础。

第四，评估的实施形式有多种，相对于乒羽中心等政府部门派遣专家进行定期评估或不定时抽查进而对各训练单位的工作进行监督，绩效评估更重要的目的在于评估客体自身的自评自鉴，从而自觉自发地及时改进，避免评估工作的形式化，而是让绩效评估得以落实并逐步上升为战略管理。因此，建议各训练单位在对自身训练绩效进行测评和监控过程中也可以参照此体系，用于自身的绩效改进，构建符合自身发展战略的绩效管理体系。

三、后续研究

（一）从 AHP 到 ANP 的精细化权重确定

网络层次分析法（Analytic Network Process，ANP）是一种新的决策科学方法，是层次分析法的扩展，主要针对决策问题的结构具有依赖性和反馈性的实际情况。众所周知，层次分析法能够让半结构或无结构的问题得以简化，呈现出阶梯层次结构的表征，使决策层次简洁（各层次间元素相对独立），处理问题方便、简洁。然而世间的事物总是充满联系的，将实际问题抽象为层次结构模型之后，往往发现各层次间有的元素是有较强的相互关系的，即存在着内部依赖性和外部依赖性，这类问题用 ANP 方法在构建判断矩阵时就能模拟出来，从而使确定的权重更加精确和符合实际情况。

本研究采用的 AHP 方法实质上是 ANP 的一个特例（即各层次内部元素相对独立，无需比较元素间相对于上一层元素的直接优势度和间接优势度，只需元素间相对于上一层元素做两两比较），与 ANP 相比，AHP 的模拟结果是"相对粗略"的。但是考虑到如果需要正确实现 ANP 的权重确定，需要填答问卷的专家熟知 ANP 的基本概念和原理；同时 ANP 方法在采集判断矩阵的数据时考虑到元素间的相互影响，需要专家对元素进行"直接优势度"和"间接优势度"的多次比较，比 AHP 方法要复杂，工作量成倍增长，如果专家对 ANP 方法的原理不熟知，往往适得其反，采集的判断数据无法正确反映专家对问题的认识，导致权重确定不如 AHP 合理。

虽然目前实际情况使得研究无法采用 ANP 方法，但学术的长河是无止境的，从理论方法上讲，ANP 方法优于 AHP 是肯定的。谨在此提出此优化方案，如能起到抛砖引玉，引发后续更好的研究也是一件乐事。

（二）评估体系的不断调整和完善

1. 评估标准的修订

标准是人定的，随着时空条件的变换，标准也需要不断更新，使其更加符合实际情况。限于研究者自身精力有限，本研究评估标准的制定主要通过效用函数的构建来体现，且主要是针对全国 48 所重点训练单位的基本情况而言。因此，本研究构建的体系对于 48 所重点单位以外的其他单位是否适用，其外推能力和普适性有待进一步验证。相信随着乒羽中心对后备人才训练单位各方面建设、评估和管理工作不断深化，会搜集到更多相关数据，为各不同级别和类型的训练单位制定更加合理的评估标准，从而使本研究构建的体系发挥出更大的功效。

2. 评估指标的优化

本研究中由于各方面条件限制，财务维度三项指标均采用主观、定性的方式来设计，这无可避免地让评估结果中有一部分结果取决于填答者的主观判断，同时依赖于填答者回答问题的诚实水平；虽然目前以此方式实现了一定程度的"相对可评"，但如果能够根据客观数据构建量化程度更高的指标将有助于体系的客观性进一步提升。

3. 评估指标的补充

对于运动员培养状况来说，除了技术、身体素质和文化水平，由于乒乓球运动的强格网对抗和技能主导特性，运动员的战术水平同样重要，研究没有将战术水平的评价纳入体系是由于对运动员战术能力的测评需要有条件获取多位运动员大量的实战数据，研究者目前不具备此方面的条件，在未来各方面条件不断完善的情况下，也应该根据训练单位的发展对目前评估体系的指标进行相应的增加、删除或修改，尤其是那些能够反映出乒乓球后备人才发展趋势的指标。

4. 指标体系的保序性检验

未来研究中开发出新的指标，或者对指标体系进行指标的增减之后，可以通过保序性检验来对新修订的体系合理性做出评价。基于保序性检验参数

$$\delta = \frac{\tau}{\tau_{\max}} = \frac{2\tau}{n(n-1)}$$

其中，

$$\tau = C_n^2 = \frac{n(n-1)}{2}$$

即旧评估体系对各训练单位评估后得到的排序结果，与修订后的评估体系得到的新排序结果，这两列数据的"逆序"数量。如果两列数值顺序完全相反，最多能产生 $\frac{n(n-1)}{2}$ 个逆序，所以将实际产生的逆序数 τ 除以最大逆序数 τ_{max} 作为保序性检验参数，当 δ 小于 10% 或 15% 时，可以认为新修订的体系保序性良好。

5. 评估导向的调整

评估导向主要通过各项指标的权重得以反映，本研究专家组是根据现阶段重点单位人才培养以"竞技为主兼顾全面发展"的导向下得出的权重，因此，对于其他一般性训练单位而言，本研究的体系需要根据相应的导向重新调整权重之后方能使评估结果更加合理。

结 语

结 语

中国乒乓球的长盛不衰与我国庞大的队伍规模和资源集中利用有关，以国家乒乓球队为顶点，进行后备人才梯队建设，是中国乒乓球可持续发展的重要措施。中国乒乓球后备人才的培养不单以尖子运动员和成绩论英雄，而是追求从整体层面上提高培养效益，为培养不同层次的乒乓球人才打下扎实的基础。因此，只有保证人才培养的基础规模，并且让各层次乒乓球后备人才都能够得到有效的培养和输送，在社会中找到适合自己的位置，中国乒乓球的后备人才培养才能在可持续发展中保持长盛不衰。

同时，根据现代管理学的观点[①]：传统的管理缺乏一定的活力和想象，属于相对机械的行为；而沟通才是确保上、下贯通的生命线，有效的沟通将新鲜血液输送到各个组织和部位，形成真正意义上的生命体。乒乓球后备人才培养的重大战略和系列决策，如果想要清晰、快速、统一地下达到各级队伍，并确保各级的训练方向和目标一致，形成"全国一盘棋"的战略格局，就必须建立有效的信息传递机制和执行督查机制。

当前，从中国乒乓球协会、乒羽中心到各省市体育局、各训练单位的分层、联络和沟通机制已经逐步建立，但落实到执行层面的过程中，还需要通过外部督导机制才能确保目标的执行到位，并进一步提升效率，这就是后备人才训练单位绩效评估得以发挥作用的切入点。

本研究紧扣未来我国乒乓球后备人才培养要"以训练单位建设为主要依托，形成以考核和评估为核心的工作评估体系和评估机制，建立以竞技成绩为主、兼顾综合素质培养导向的评估体系"这一发展战略，根据"质性分析先导—量化研究实证—回归质性总结"的认识规律，基于系统理论、效用函数、价值判断、综合评估合成模型等评估学理论基础，以及平衡计分卡绩效评估理论,结合乒乓球后备人才训练单位的特征构建了相应的绩效评估体系，并选取了4所典型单位实证研究，进行了中国乒乓球后备人才训练单位绩效评估的理论探索与实践。希望本研究的探讨能为我国乒乓球后备人才训练单位的评估与管理提供一定的参考。

对训练单位的考核评估与建设指导，要始终立足于乒乓球后备人才培养的"准公益产品"性质，让各训练单位在满足国家意志、社会需求的同时，

---

① 武建奇. 构建现代管理学领域的"中国理论"——兼评"中国现代管理理论"新学科[J]. 河北经贸大学学报，2015，36（1）：24-29.

能够始终贯彻以人为本和可持续发展的理念，在后备人才训练单位的管理和建设过程中，形成以考核和评估为核心的工作评估体系和评估机制，淡化唯金牌的单一评价标准，并建立以竞技成绩为主、兼顾综合素质培养的评估体系。

训练单位作为训练和学习的"服务提供商"，要提供充足的训练条件，提高运动员的训练比赛满意度，从而扩大生源、保持现有训练规模、提高训练效益，有效应对目前训练单位普遍面临的生源不足、招生困难、运动员大量流失等严重问题；同时尽可能从整体层面提高人才培养效益，让乒乓球业余训练真正创下口碑，赢得社会、家长的认可，让众多青少年切实看到从事乒乓球业余训练有多层次的出路，从而产生强大的吸引力，扭转当前"三级训练网"不断萎缩断裂的颓势，在新形势下坚持和发挥"举国体制"优势的同时，有效适应新时期对训练单位不断提出的新要求。

通过评估工作，借助有效的评估管理工具，推进后备人才培养各级队伍联络机制的建设，建立分层、连贯的联络和沟通机制，从而让"全国一盘棋"的各项乒乓球后备人才培养战略和决策得以贯彻落实。最终服务于中国乒乓球的"第三次创业"，紧密围绕人才培养的中心任务，充分发挥人才培养体制优势，追求人才培养的质量效益，坚持体教结合方针，拓宽成才渠道，培养出全面发展的乒乓球后备人才。

参考文献

[中文部分]

[1] 国家体育总局青少年体育司编制《奥运项目竞技体育后备人才培养中长期规划》——乒乓球项目竞技体育后备人才培养中长期规划（2014—2024）[M]. 北京：人民体育出版社，体青字，2014.

[2] 徐蔼婷. 德尔菲法的应用及其难点[J]. 中国统计，2006（9）：57-59.

[3] 张炳姜. 层次分析法及其应用案例[M]. 北京：电子工业出版社，2014（1）：22-23.

[4] 风笑天. 社会研究方法[M]. 北京：中国人民大学出版社，2009：145.

[5] 郑旗. 体育科学研究方法[M]. 北京：人民体育出版社，2006：203.

[6] [美]艾尔·巴比. 社会研究方法[M]. 北京：华夏出版社，2018：331.

[7] 曾明，秦璐. 工作满意度研究综述[J]. 河南教育学院学报（哲学社会科学版），2003（1）：101-104.

[8] 张力为，毛志雄. 体育科学常用心理量表评定手册[M]. 北京：北京体育大学出版社，2004（10）：265.

[9] 袁方，等. 社会研究方法教程[M]. 北京：北京大学出版社，1997：228.

[10] 牛成喆，李秀芬. 绩效管理的文献综述[J]. 甘肃科技纵横，2005（5）：88-103.

[11] 石金涛. 绩效管理[M]. 北京：北京师范大学出版社，2006：3.

[12] 阿吉里斯. 组织学习[M]. 北京：中国人民大学出版社，2004：89-92.

[13] 威廉姆斯 R S. 业绩管理[M]. 大连：东北财经大学出版社，2003：150-155.

[14] 董克用，李超平. 人力资源管理概论[M]. 3版. 北京：中国人民大学出版社，2011.7：299.

[15] 石金涛. 绩效管理[M]. 北京：北京师范大学出版社，2006：3-9.

[16] 杨杰，方俐洛，凌文铨. 关于绩效评价若干基本问题的思考[J]. 自然辩证法通讯，2001（2）：40-51.

[17] 李华，任荣伟，蒋小鹏. 360度绩效评估法的运用及有效性分析[J]. 现代管理科学，2004（8）：33-34.

[18] 章志远. 行政法学视野中的民营化[J]. 江苏社会科学，2005（4）：147-154.

[19] 刘青. 运动训练管理教程[M]. 北京：人民体育出版社，2007：175.

[20] 秦椿林，张瑞林. 体育管理学[M]. 北京：高等教育出版社，2002（8）：150-151.

[21] 常智. 体育管理理论与实践[M]. 北京：北京师范大学出版社，2009（12）：205-206.

[22] 宋二斌，张淑臣. 略谈竞技体育的"金牌战略"[J]. 探索与求是，2001（5）：46.

[23] 王虹，赵刚，等. 金牌真的那么重要吗[J]. 教书与育人，2008（8）：23.

[24] 辞海（缩印本）[M]. 上海：上海辞书出版社，1979：1184.

[25] 邱东所. 多指标综合评价方法的系统分析[M]. 北京：中国统计出版社，1991：8.

[26] 肖天. 对竞技体育特殊性的认识[J]. 国家体育总局：体育工作通讯，2004（3）：41.

[27] 张伟江. 教育评估是门科学[J]. 中国高等教育评估，2007（1）：2.

[28] 汪应洛. 系统工程理论、方法与应用[M]. 北京：高等教育出版社，1992（5）：2.

[29] 冯晖. 教育评估计算学[M]. 北京：高等教育出版社，2012（4）：1.

[30] 孙广华. 从系统观看科学价值评价[J]. 系统辩证学学报，2000（2）：69-71+76.

[31] 许国志. 系统科学[M]. 上海：上海科技教育出版社，2000（9）：372.

[32] 程琮，刘一志，王如德. Kendall 协调系数 W 检验及其 SPSS 实现[J]. 泰山医学院学报，2010（7）：487-490.

[33] 宋子昀，王伟玲. 基于肯德尔 W 系数的综合评教方法[J]. 广东水利电力职业技术学院学报，2013（4）：44-47.

[34] 朱伟民，万迪昉. 面向企业业绩评价的均衡记分卡层次分析[J]. 系统工程，2001（6）：45-50.

[35] 刘新宪，朱道立. 选择与判断[M]. 上海：上海科学普及出版社，1990（2）：44-45.

[36] 周学军，王战军. 全国一级学科整体水平评估及思考[J]. 中国软科学，2003（3）：127-130.

[37] 付亚和，许玉林. 绩效考核与绩效管理[M]. 2版. 北京：电子工业出版

社，2009：187-202.

[38] 赵国杰，刘红梅. EVA，MVA，BSC评价指标体系比较分析[J]. 内蒙古农业大学学报（社会科学版），2007（1）：112-114.

[39] 姜万勇. 企业软实力建设与评价研究[D]. 天津：天津大学，2014.

[40] 饶征，孙波. 以KPI为核心的绩效管理[M]. 北京：中国人民大学出版社，2002：1-103.

[41] 孔杰，程寨华. 标杆管理理论述评[J]. 东北财经大学学报，2004（2）：3-7.

[42] 杨长峰，贲德亮. 基于层次分析法的标杆管理绩效评估[J]. 全国商情（理论研究），2011（Z1）：18-21.

[43] 宋红玉，沈菊琴. 平衡计分卡的发展及超越：一个文献综述[J]. 会计之友，2015（5）：134-136.

[44] 袁晓燕，高振娟. BSC与AHP相结合的政府部门绩效评价方法研究——以科技主管部门为例[J]. 会计之友，2016（15）：35-39.

[45] 石金涛，魏晋才. 绩效管理[M]. 北京：北京师范大学出版社，2006：8.

[46] 罗伯特·卡普兰，大卫·诺顿. 平衡计分卡——化战略为行动[M]. 刘俊勇，等译. 广州：广东经济出版社，2013，11：29-30.

[47] 钟良，赵国杰. 基于ANP&BSC建构企业绩效评价体系[J]. 西北农林科技大学学报（社会科学版），2006（4）：69-72.

[48] 王晓芳，刘江宏，庞宇. 基于平衡计分卡的体育非营利组织绩效管理[J]. 南京体育学院学报（社会科学版），2015（2）：70-75.

[49] 牛建军. 基于平衡计分卡的体育行政绩效评价指标体系的建立[J]. 体育成人教育学刊，2010（2）：48-50.

[50] 朱江华. 基于BSC的体育赛事绩效评估指标体系构建研究[J]. 沈阳体育学院学报，2012（2）：54-57.

[51] 冯振旗. 基于平衡记分卡的体育场（馆）运营绩效评价研究[J]. 中国体育科技，2011（3）：119-125.

[52] 耿宝权. 基于平衡计分卡的大型体育场馆运营绩效评价研究[J]. 北京体育大学学报，2012（12）：1-6.

[53] 郭秀花. 医学现场调查技术与统计分析[M]. 北京：人民卫生出版社，

2009，4：294-296.

[54] 刘芳梅. 我国青少年体育俱乐部绩效管理体系的构建 ——以平衡计分卡为理论视角[J]. 北京体育大学学报，2009（2）：39-43.

[55] 冯志凤. 基于平衡计分卡的高职院校体育教学绩效评价体系构建的研究[J]. 南京体育学院学报（自然科学版），2011（2）：106-108+103.

[56] 宋杰，刘旻航. 绩效管理在竞技体育中的应用研究 ——以国家女子举重队为例[J]. 山东理工大学学报（社会科学版），2009（1）：109-112.

[57] 殷苏华，王宏. 平衡记分卡在体育院校教学质量监控绩效管理中的应用[J]. 体育成人教育学刊，2010（1）：86-87.

[58] 毕意文（美），孙永玲（美）. 平衡计分卡中国战略实践[M]. 北京：机械工业出版社，2009，8：9.

[59] 卡普兰 R，诺顿 D. 平衡计分卡 ——化战略为行动[M]. 刘俊勇，等译. 广州：广东经济出版社，2013，11：28.

[60] 李伟成. 基于平衡计分卡的政府部门绩效管理研究[D]. 武汉：华中科技大学，2012.

[61] 郑书耀. 准公共物品私人供给研究[M]. 北京：中国财政经济出版社，2008：25.

[62] 国家体育总局青少年体育司. 乒乓球项目竞技体育后备人才培养中长期规划（2014—2024）奥运项目竞技体育后备人才培养中长期规划 2014—2024[M]：487

[63] 袁尽州，黄海，等. 体育测量与评价[M]. 北京：人民体育出版社，2014，2：161.

[64] 国家体育总局青少年体育司，国家体育总局乒乓球羽毛球运动管理中心. 中国青少年乒乓球训练教学大纲[M]. 北京：北京体育大学出版社，2015，8：7.

[65] 顾远东. 工作满意度与积极—消极情感的关系研究[D]. 苏州：苏州大学，2005.

[66] 蔡正茂. 区域疾病预防控制绩效评估的方法学和指标体系研究[D]. 上海：复旦大学，2009.

[67] 祁国鹰. 体育多元统计分析[M]. 北京：北京体育大学出版社. 2015，11：305.

[68] 陈新汗. 关于评价活动的认识论机制[J]. 哲学研究，1999（2）：7.

[69] 国家体育总局青少年体育司编制《奥运项目竞技体育后备人才培养中长期规划》——乒乓球项目竞技体育后备人才培养中长期规划（2014—2024）[M]. 北京：人民体育出版社，2014：484-488.

[70] 于洋. 我国乒乓球后备人才"体教结合"培养模式的构建与评价研究[D]. 北京：北京体育大学，2009.

[英文部分]

[1] Brown. B.Delphi Process: a Methodology Used for the Elicitation of Opinions of Experts[M]. Santa Monica: The Rand Corporation, 1987: 3925-3942.

[2] Satty T L, Forman E H. The Hierarchon: A dictionary of Hierarchies. Pittsburgh, Pennsylvania: Expert Choive, 1996.

[3] Nachmias C F, Nachmias D. Research Methods in the Social Sciences. 6th ed. Worth Publishers, 2000: 213.

[4] Babbie E R. The Practice of Social Research. 4th ed. Wedsworth, Inc., 1986:221[74]C E Schneier, R W Beatly, C S Baired. The performance management sourcebook. Human resource development press, Inc., 1987.

[5] Murphy K, Kroeker L. Dimensions of job performance. In R.F.Dillon & J.W. Pellegrion (Eds.), Testing: theoretical and applied Perspectives[C]. New York: Praeger Publishers, 1989: 218-247.

[6] Borman W C, Motowidlo S J. A theory of individual different in task and contextual performance[J]. Human Performance, 1997(b), 10(02):71-83.

[7] Devris D L, Morrison A M, Shullman S L, et al. Performance appraisal on the line, Greensboro, NC: Centre for creative leadership, Technical Report No.16, 1980.

[8] Corsini R J. Concise Encyclopedia of Psychology, John & Wiley and Sons, Inc., 1987.

[9] Kane J S. Lawler E E, Performance appraisal effectiveness: Its assessment an determinants, In B.M. Staw(Ed.), Research in organizational behavior, Greenwich, Jai Press: 1979.

[10] C E Schneier, R W Beatly, C S Baired. The performance management sourcebook, Human resource development press, Inc., 1987.

[11] Moreno-Casbas T, Martin-Arribas C, Orts-Cortes I, et al. Identification of priorities for nursing research in Spain: a Delphi study[J] J Adv Nurs, 2001, 35(6): 857-863; Hasson F, Keeney S, Mckenna H. Research guidelines for the Delphi survey technique[J]. Adv Nurs, 2000, 32(4): 1008-1015.

附 录

附录 A 全国乒乓球后备人才训练单位中期考核评分表

名　称		内　容	分值	自评	复评	详细说明
基本条件 20 分	教练员队伍	专兼职教练员人数不少于 5 人，高级职称的教练员不少于 2 人	5 分			
	训练设施设备	具有保证全天候训练的标准训练场（馆、房）	5 分			
		乒乓球训练器材齐全、完整、先进，能保证训练需要	3 分			
	学生状况	学生正常接受教育	4 分			
		每天训练时间不少于 2 小时	3 分			
基本条件：（满分 20 分）　　该训练单位自评得分_____　省市复评得分_____						
人才质量 40 分	运动员输送	2012 年至今县区级及地市级少体校向上级体校每输送 1 人记 5 分，向省级优秀运动队、解放军队每直接输送 1 人记 8 分。各类学校向国家一线队每输送 1 名运动员记 10 分	40 分			
		2012 年至今中等体育运动学校及省级体校向省级优秀运动队、解放军队每输送 1 人记 5 分。各类学校向国家一线队每输送 1 名运动员记 10 分	40 分			
人才质量：（满分 40 分）　　该训练单位自评得分_____　省市复评得分						
人才效益 40 分	大赛成绩 40 分	奥运会、世界杯、世锦赛、青奥会、世青赛	得分	自评	复评	
		第一名	40 分			
		第二名	35 分			
		第三名	25 分			

续表

名称		内容	分值	自评	复评	详细说明
人才效益 40分	大赛成绩 40分	第四名至第八名	20分			
		亚运会、亚洲杯、亚锦赛、亚洲青少年锦标赛等洲际比赛	得分	自评	复评	
		第一名	35分			
		第二名	25分			
		第三名	20分			
		第四名至第八名	15分			
		全运会、全国锦标赛等比赛	得分	自评	复评	
		第一名	30分			
		第二名	20分			
		第三名	15分			
		第四名至第八名	10分			
		全国第一届青运会、全国青年锦标赛、全国少年锦标赛、全国中学生乒乓球锦标赛、全国中学生运动会乒乓球比赛	得分	自评	复评	
		第一名	20分			
		第二名	15分			
		第三名	12分			
		第四名至第八名	8分			
		全国后备人才训练单位总决赛、全国少年乒乓球比赛（南、北方赛区）	得分	自评	复评	
		第一名	15分			
		第二名	12分			
		第三名	10分			
		第四名至第八名	5分			
		全国后备人才训练单位分区比赛（南、北方）、全国少儿杯总决赛	得分	自评	复评	
		第一名	9分			

续表

名　　称		内　　容	分值	自评	复评	详细说明
人才效益40分	大赛成绩40分	第二名	7分			
		第三名	5分			
		第四名至第八名	3分			
		全国少儿杯赛	得分	自评	复评	
		第一名	7分			
		第二名	5分			
		第三名	3分			
		省级比赛	得分	自评	复评	
		第一名	5分			
		第二名	3分			
		第三名	2分			

受评学校自评总分：＿＿＿＿＿＿＿	复评总分：＿＿＿＿＿＿＿
受评学校（章）	省级体育局主管部门（章）
年　　月　　日	年　　月　　日

附录 B　全国乒乓球后备人才训练单位中期考核评分细则

一、基本条件

（一）教练员队伍

1. 教练员是指学校从事人才培养训练工作的专职、兼职、聘任的人员。

2. 高级教练员是指具有高级职称的教练员（含副教授、高级讲师、高级教师、小教超高）。

3. 认定依据：

（1）高级教练员或副教授、高级讲师、高级教师、小学超高职称资格证原件，教练员聘任证书；

（2）教练员考核资料（包括兼职、返聘人员资料）；

（3）退休返聘教练员批文；

（4）聘任时间不少于 3 年；

（5）专兼职教练员不少于 5 人，高级教练员不少于 2 人得 5 分；专兼职教练员不少于 3 人，高级教练员不少于 1 人得 3 分；其他情况不得分。

（二）训练设施设备

1. 具有保证全天候训练的标准场（馆、房），场馆内不少于 16 张球台得 5 分；场馆内不少于 14 张球台得 3 分；场馆内不少于 12 张球台得 1 分。

2. 乒乓球训练器材齐全，有辅助的力量训练房、专业的乒乓球训练辅助器材、医疗室、田径场，少一项扣 1 分。

3. 认定依据：

学校须提供场地平面图；无所有权的场（馆、房）须同时提供使用、租用场地协议书。

（三）学生状况

1. 学校保证学生正常的教育和训练，其中每天训练时间不少于 2 小时。

2. 认定依据：

（1）学校提供总课表、训练学生考试成绩统计表、单科成绩表等证明学生正常接受教育的资料，如有必要可找学生座谈。

（2）学校提供学生训练计划、训练总结、课时计划等证明学生每天训练不少于 2 小时的资料。

二、人才质量（运动员输送）

（一）输送是指在本学校或单位系统训练 1 年及以上时间后向上级学校或单位的输送，同级别输送无效。

（二）向上级输送的界定：各类学校或单位向国家队、省级优秀运动队、解放军队输送；市级体校向省级体校输送；县区级体校向省级、市级体校输送；少体校向中等体育运动学校输送。

"直接输送"是指由本学校或单位直接输送到省级优秀运动队、解放军队、行业体协运动队。

（三）输送证明的界定：向国家队输送的，须提供国家队录用文件复印件；向省优秀队输送的，须提供当年省人力资源和社会保障部门的录用文件等证明复印件；向解放军队输送的，须提供入伍通知书复印件；向中等体育学校输送的，须提供入校当年省、市教育部门招生办审批的复印件；向上级少体校输送的，须提供入校当年上级体育部门出具的证明、升学（转学）材料等能够证明输送的相关材料。

（四）向外省上一级训练单位输送的，须提供输送原件，其计算方法同本省；在上级训练单位代训、培训的不统计在输送人数内。

（五）认定依据：2012 年至今学校输送学生名单及有关证明材料。

三、人才效益（大赛成绩）

（一）以国家体育总局乒羽中心每年统计的大赛成绩为准。

（二）在校系统训练时间 1 年以上的学生，输送后取得的成绩方可计算在内。

（三）统计年限：2012 年至今取得的大赛成绩。

（四）计算方法：累计加分，团体、单项都计算在内，但同一级别赛事的得分之和不得超过该级别赛事的最高分。

（五）认定依据：取得大赛成绩的运动员名单及成绩统计表；取得大赛成绩的运动员输送及参赛成绩的有关材料。

附录 C 第一轮专家问卷

《中国乒乓球后备人才训练单位绩效评估研究》

第一轮专家咨询

尊敬的乒乓球后备人才培养一线工作者，学者、专家，您好：

我是北京体育大学乒乓球教研室的博士生周弈。在刚结束的 2016 全国乒乓球羽毛球青少年训练工作会议中提出要使后备人才训练单位的政策法规制度体系更加完善，形成以考核和评估为核心的工作评价体系和评价机制。针对这一需要，我们设计了此调查问卷，需要您提出可以评估乒乓球后备人才训练单位的绩效指标。您是有着多年乒乓球后备人才培养经验的相关专家，特向您请教！衷心感谢您的指导与帮助！

博士生：周弈

导师：张瑛秋教授

2016 年

第一部分：您的基本情况

1. 您的姓名：_____
2. 您的职称：_____
3. 您的学历：_____
4. 您的工作单位：_____ 具体职务是：_____
5. 您从事乒乓球相关工作的年限：_____年

第二部分：乒乓球后备人才训练单位发展战略和愿景

将乒乓球后备人才训练单位的发展战略和愿景归纳为：以"第三次创业"计划纲要精神为指导，紧密围绕人才培养的中心任务，充分发挥人才培养体制优势，遵循人才成长和基础训练的科学规律，追求人才培养的质量效益，坚持体教结合方针，拓宽成才渠道，培养全面发展的竞技乒乓球运动后备人才。

对此观点，您赞同吗？
（1）非常赞同 （2）较赞同 （3）一般 （4）不太赞同 （5）不赞同
在您看来，乒乓球后备人才训练单位的发展战略和愿景是：

第三部分：具体绩效评估指标的构建

研究者通过对以往运动训练绩效评估常用指标进行了搜集，并按平衡记分卡绩效评估框架分类，形成了下列 4 个表格，请您就各项指标所涉及的方面提出评估实践中该指标的具体观测指标。

示例：

客户维度	请您提供具体可观测的指标或建议
人才输送	向上级单位输送的人数；人才输送得分

接下来，请就表 C.1 至表 C.4 提供您的宝贵意见。

表 C.1 评估乒乓球训练单位"服务运动员、满足上级训练单位需求"的指标

客户维度	请您提供具体可观测的指标或建议
人才输送	
竞赛成绩	
运动员训练比赛满意度	
运动员队伍规模	
训练设施满足训练需求情况	
运动员流失情况	
新队员招收情况	
大众健身服务情况	
承办集训、赛事情况	
与运动员沟通的情况	
与运动员家长沟通的情况	
您认为还需增加的指标：	

表 C.2　评估乒乓球训练单位"运动员培养状况"的指标

内部流程	请您提供具体可观测的指标或建议
运动员身体素质水平	
运动员技术水平	
运动员等级结构	
运动员训练时数安排	
运动员训练出勤情况	
运动员文化课时数保障	
运动员文化课出勤情况	
运动员业务学习情况	
运动员文化成绩水平	
运动员外出参赛情况	
训练性比赛情况	
运动员平均输送周期	
运动员违纪情况	
运动员获得表彰情况	
医疗保障情况	
运动员打法类型结构	
假年龄现象	
教练员违纪现象	
您认为还需增加的指标：	

表 C.3　评估乒乓球训练单位"打造高质量教练团队"的指标

学习与创新	请您提供具体可观测的指标或建议
教练团队人力状况	
教练员离职情况	
教练员工作满意度	
人才引进情况	
外聘专家前来讲学情况	
教练员参加培训情况	

续表

学习与创新	请您提供具体可观测的指标或建议
教练员科研情况	
教练员表彰情况	
教练员职称结构	
教练团队稳定性	
教练团队运动经历	
教练员学历结构	
教练员与管理层沟通情况	
教练员训练出勤状况	
组织教练员交流的情况	
您认为还需增加的指标：	

表 C.4 评估乒乓球训练单位"财务支持"的指标

财务维度	请您提供具体可观测的指标或建议
固定资产投资	
国家拨款情况	
训练单位自主创收	
风险管理支出	
教练员薪酬满意情况	
教练员奖金	
训练经费满足训练需求情况	
经费满足教练员培训学习培训情况	
您认为还需增加的指标：	

谢谢您的意见和建议

附录 D　第二轮专家问卷

《中国乒乓球后备人才训练单位绩效评估研究》
第二轮专家调查问卷

尊敬的专家：

　　感谢您在第一轮咨询中的配合和建议。

　　随着研究不断深化，需要做进一步的咨询：对乒乓球后备人才训练单位绩效评估的指标进行筛选。现诚邀您成为第二轮咨询的"核心专家组成员"，希望您继续为本研究提供支持和帮助。谢谢您的宝贵意见！

博士生：周弈

导师：张瑛秋教授

2016 年

第一部分：

　　1. 您的姓名：_____

第二部分：乒乓球后备人才训练单位绩效评估指标筛选

填答说明：

　　下列表格（表 D.1～表 D.4）中罗列了乒乓球后备人才训练单位绩效评估的指标，请根据填答方法对这些指标提出您的意见。

　　填答方法：

　　（1）在"筛选意见"相应指标的位置打"√"则表示您选中该指标；

　　（2）在"筛选意见"相应指标的位置"无任何填答"则表示您不选择该指标，请在"删除理由"填写不保留该指标的主要原因；

　　（3）在"修改意见"相应位置可以写下您认为"该指标更加正确的表述"；

　　（4）在"补充新指标"相应位置可以写下您认为"还应该添加"的新指标。

表 D.1 评估乒乓球训练单位"服务运动员、满足上级训练单位需求"

维度	指标	筛选意见	删除理由	修改意见
客户维度	人才输送得分			
	运动员竞赛成绩得分			
	运动员训练比赛满意率			
	长训运动员数量			
	运动员与球台数量的比例			
	流失运动员数量			
	运动员招收计划完成比例			
	大众健身运动员数量			
	承办竞赛、集训的次数			
	定期组织与运动员阶段性沟通的次数			
	定期组织与学员家长阶段性沟通的次数			
	您认为还需添加的指标：			

表 D.2 评估训练单位"运动员培养状况"

维度	指标	筛选意见	删除理由	修改意见
内部流程维度	运动员身体素质测试水平			
	运动员技术测试水平			
	国家二级及以上运动员人数			
	运动员周训练课课时量			
	运动员训练课出勤率			
	运动员文化课课时量			
	运动员文化课出勤率			
	运动员业务学习成绩			
	运动员文化测试成绩			
	参赛运动员比例			
	训练性比赛次数			

续表

维度	指标	筛选意见	删除理由	修改意见
内部流程维度	运动员平均输送周期			
	运动员违纪现象次数			
	运动员获得表彰人次数			
	伤病运动员比例			
	培养不同打法运动员的种类			
	假年龄现象次数			
	教练员违纪现象次数			
	您认为还需添加指标：			

表 D.3　评估训练单位"打造高质量教练团队"

维度	指标	筛选意见	删除理由	修改意见
学习与创新维度	教练员与运动员比例			
	教练员流失率			
	教练员工作满意度			
	教练员人才引进数量			
	外聘专家前来讲学次数			
	参加培训的教练员比例			
	教练员发表论文数量			
	教练员获得表彰人次数			
	中、高级教练员人数			
	教练员平均在职年限			
	有专业队运动经历的教练员比例			
	大专及以上学历教练员比例			
	教练员意见的上级采纳率			
	教练员训练出勤率			
	教练员训练研讨会次数			
	您认为还需添加指标：			

表 D.4 评估训练单位"财务支持"

维度	指标	筛选意见	删除理由	修改意见
财务维度	固定资产投资总额			
	所得国家拨款总额			
	训练单位自主创收总额			
	训练竞赛经费支出总额			
	风险管理支出总额			
	教练培训经费满足率			
	教练薪酬满意率			
	训练竞赛经费满足率			
	您认为还需添加指标:			

调查到此结束,衷心感谢您的配合和宝贵意见!
祝您身体健康,工作顺利!

附录 E 第三轮专家问卷

《中国乒乓球后备人才训练单位绩效评估研究》
第三轮专家调查问卷

尊敬的专家：

感谢您在前两轮调查中的配合和建议。

随着研究不断深化，需要做进一步的咨询：对剩余的绩效评估指标做出更加精细的筛选。现诚邀您成为第三轮咨询的"核心专家组成员"，希望您继续为本研究提供支持和帮助！

博士生：周弈
导师：张瑛秋教授
2016 年

第一部分：

1. 您的姓名：_____

第二部分：乒乓球后备人才训练单位绩效评估指标精筛选

在分析整理第二轮调查结果的基础上，剔除选中率低于 0.5 的指标，并形成了本轮咨询问卷。为了使评估指标体系更加简洁，需要挑出最重要、最能反映训练单位绩效情况的指标，因此现请您对存留的指标进行评价更加严格的评价。

对指标的精筛选通过"重要性排序"来完成表 E.1～表 E.4。

重要性排序，指该指标在与其他指标相比较时的重要性顺序。

最重要的指标记为 1，第二重要的指标记为 2，以此类推；当您认为两项或多项指标同等重要时可以对指标的排序用同一个数值表示（例如：示例中指标 A 和 B 均排第二）

示例：

指标	排序
指标 A	2
指标 B	2
指标 C	1
指标 D	3

表 E.1　评估乒乓球训练单位"服务运动员、满足上级训练单位需求"

客户维度指标	重要性排序
人才输送得分	
运动员竞赛成绩得分	
运动员训练比赛满意率	
长训运动员数量	
运动员与球台数量的比例	
运动员招收计划完成比例	

表 E.2　评估训练单位"运动员培养状况"

内部流程指标	重要性排序
运动员身体素质测试水平	
运动员技术测试水平	
国家二级及以上运动员人数	
运动员周训练课课时量	
运动员训练课出勤率	
运动员文化课课时量	
运动员文化课出勤率	
运动员业务学习达标率	
运动员文化测试成绩	
参赛运动员比例	
伤病运动员比例	
培养不同打法运动员的种类	

表 E.3 评估训练单位"打造高质量教练团队"

学习与创新指标	重要性排序
教练员与运动员比例	
教练员工作满意度	
参加培训的教练员比例	
中、高级教练员人数	
教练员平均在职年限	
有专业队运动经历的教练员比例	
大专及以上学历教练员比例	
教练员训练出勤率	
教练员训练研讨会次数	

表 E.4 评估训练单位"财务支持"

财务维度指标	重要性排序
教练薪酬满意率	
训练竞赛经费满足率	
培训经费满足率	

调查到此结束，衷心感谢您的配合和宝贵意见！

祝您身体健康，工作顺利！

附录 F　第四轮专家问卷

《中国乒乓球后备人才训练单位绩效评估研究》
第四轮专家调查问卷

尊敬的专家：

感谢您在前三轮调查中的配合和建议。

经过第三轮的指标筛选，已有相当一部分数量的指标意见达成一致，现诚邀您成为第四轮咨询的"核心专家组成员"，为上一轮意见尚未达成一致的指标再次进行排序，希望您继续为本研究提供支持和帮助！

博士生：周弈

导师：张瑛秋教授

2016 年

第一部分：

1. 您的姓名：＿＿＿＿＿＿

第二部分：乒乓球后备人才训练单位绩效评估指标精筛选

请对下列指标再次进行"重要性排序"（表 F.1～表 F.4）。

重要性排序，即该指标在与其他指标相比较时的重要性顺序。

最重要的指标记为 1，第二重要的指标记为 2，以此类推；当您认为两项或多项指标同等重要时可以对指标的排序用同一个数值表示；本轮咨询提供了上一轮整个专家组对各项指标的平均排序结果，供您在本轮咨询中参考。

示例：

指标	上一轮平均排序结果	本轮您的排序
指标 A	2.2	3
指标 B	2.1	2
指标 C	1.3	1
指标 D	2.7	4

请对下列指标进行重要性排序

表 F.1　评估训练单位"运动员培养状况"

内部流程指标	上一轮平均排序结果	本轮重要性排序
运动员身体素质测试水平	1.7	
运动员技术测试水平	1.33	
国家二级及以上运动员人数	7.83	
运动员周训练课课时量	4.03	
运动员训练课出勤率	8.9	
运动员文化课课时量	5.13	
运动员文化课出勤率	9.43	
运动员业务学习达标率	9.07	
运动员文化测试成绩	3.97	
参赛运动员比例	8.3	
伤病运动员比例	10.23	
培养不同打法运动员的种类	8.07	

表 F.2　评估训练单位"打造高质量教练团队"

学习与创新指标	上一轮平均排序结果	本轮重要性排序
教练员与运动员比例	2.4	
员工工作满意度	2.1	
参加培训的教练员比例	7.77	
中、高级教练员数量	2.3	
教练员平均在职年限	3.33	
有专业队运动经历的教练员比例	5.57	
大专及以上学历教练员比例	7.3	
教练员训练出勤率	8.2	
教练员训练研讨会次数	6.03	

调查到此结束，衷心感谢您的配合和宝贵意见！

祝您身体健康，工作顺利！

附录 G 问卷设计专家效度检验表

《中国乒乓球后备人才训练单位绩效评估研究》
问卷专家效度检验表

尊敬的专家：您好！

  我是北京体育大学乒乓球教研室张瑛秋教授的博士研究生周弈，正在做名为《中国乒乓球后备人才训练单位绩效评估的研究》的学位论文，为此设计了一套搜集训练单位绩效数据的调查问卷，需要对此问卷进行评价，您是该领域的知名专家，特向您请教！相信您的意见将对我的研究起到非常重要的作用，希望您在百忙之中帮助审阅，非常感谢您的指导与帮助！

  祝您身体健康，工作顺利！

北京体育大学乒乓球教研室
学生：周弈
导师：张瑛秋教授

您的姓名：_____ 职称（或职务）：_____ 单位：_____

问卷	您对本问卷的总体评价				
	非常有效	比较有效	有效	不太有效	无效
运动员问卷					
教练员问卷					

问卷	您认为本问卷的内容效度				
	非常有效	比较有效	有效	不太有效	无效
运动员问卷					
教练员问卷					

问卷	您对本问卷的结构效度				
	非常有效	比较有效	有效	不太有效	无效
运动员问卷					
教练员问卷					

您对此还有什么建议

年　　月　　日

附录 H 运动员调查问卷

《中国乒乓球后备人才训练单位绩效评估研究》

运动员调查问卷

尊敬的运动员，您好！

我是北京体育大学乒乓球教研室的学生。为了更好地了解运动员的学习训练情况，我设计了此问卷。

您作为运动员很有发言权，希望您配合填写，谢谢合作！

北京体育大学乒乓球教研室

博士生：周 弈

2016 年

填答说明：

1. 请在"_____"填写相应信息。
2. 选择题请直接在选项上划"√"。

第一部分 你的基本情况

1. 你所在的乒乓球训练单位（或学校）：_____
2. 你的性别：（1）男　　　　　（2）女
3. 你的年龄（1）9 岁以下　　（2）9~10 岁　　（3）11~12 岁
   （4）13~14 岁　　（5）14 岁以上
4. 你开始乒乓球训练的年龄是_____岁
5. 你已经训练乒乓球多少年了：_____年
6. 你的打法类型属于：
   （1）快攻结合弧圈　　　　（2）弧圈结合快攻　　　（3）削攻结合
   （4）直拍快攻　　　　　　（5）颗粒胶
7. 你的家庭所在的省市：_____省_____市
8. 你家庭的体育背景属于：
   A. 非体育类家庭（家人都不从事体育相关工作）

B. 体育爱好者家庭（家人爱好体育）

C. 乒乓球世家（家人一直从事乒乓球工作）

D. 体育世家（家人一直从事体育相关工作）

第二部分

以下问题是有关你对现在训练比赛的总体感受，你可能同意或不同意，请在每一题旁用"√"划一个数字表示你赞成的程度。1代表"完全不同意"，7代表"完全同意同意"，其他数字代表1与7之间的不同程度。答案无所谓对错，请根据你的真实感受作答，谢谢！

1 在很多方面，我的训练和比赛情况都接近理想	1	2	3	4	5	6	7
2 我的训练和比赛在各方面都很好	1	2	3	4	5	6	7
3 我对训练和比赛感到满意	1	2	3	4	5	6	7
4 现在我已得到了训练和比赛中最重要的东西	1	2	3	4	5	6	7
5 总的来说，到现在为止，我的训练和比赛糟透了	1	2	3	4	5	6	7
6 如果可以再选择一次，我仍希望像现在一样继续训练和比赛	1	2	3	4	5	6	7

第三部分　对长期进行乒乓球训练的看法

1. 你的家庭对你长期进行乒乓球训练的态度是：

    A. 非常支持　　B. 较支持　　C. 一般　　D. 反对　　E. 非常反对

2. 你的家庭对你今后走乒乓球专业道路的态度是：

    A. 非常支持　　B. 较支持　　C. 一般　　D. 反对　　E. 非常反对

3. 你进行乒乓球训练的未来打算有：（多选题，在相应答案前打"√"即可）

    A. 锻炼身体，学一项运动技能

    B. 以乒乓球为主项，未来通过体育特长考试去体育类院校深造

    C. 未来以乒乓球教练或体育教师为职业

    D. 走专业道路，力争进入优秀运动队、职业俱乐部甚至国家队

    E. 其他打算（请写清楚）_____

4. 下列哪些原因可能让你放弃乒乓球训练？（多选题）

A. 我对乒乓球没有兴趣了

B. 我自己对走专业道路的未来有后顾之忧

C. 乒乓球业余训练太辛苦，我不能继续坚持了

D. 学业压力大，为了文化课学习我放弃乒乓球训练

E. 做乒乓球专业运动员竞争压力太大，我放弃训练

F. 我很努力训练，但水平达不到专业队要求，因此放弃训练

G. 我的家庭不支持我走乒乓球专业运动员的道路

H. 我所在地区没有乒乓球特长生的升学照顾政策，所以放弃训练

I. 我所在学校认为训练耽误学习，不支持学生业余乒乓球训练

J. 其他原因（请写清楚）_____

第四部分　学习与训练状况

1. 你认为文化课学习对你未来成长的重要程度是：

A. 非常重要　　B. 重要　　C. 一般　　D. 不重要　　E. 非常不重要

2. 你目前是如何处理训练和文化学习之间关系的？

A. 训练乒乓球为主　　　　　B. 文化课学习为主

C. 训练和学习都重视　　　　D. 训练和学习都不重视

3. 下列文化学习的常见问题中，你遇到的问题有哪些？（多选题）

A. 学习时间不足

B. 学习方法待提高

C. 学习氛围较差

D. 学习基础较差

E. 训练挤占学习精力

F. 学习不能保持连续、系统

G. 学习积极性不高

H. 其他问题（请写清楚）_____

4. 下列乒乓球训练的常见问题中，你遇到的问题有哪些？（多选题）

A. 训练动力不足

B. 自己的基本功较差

C. 自己的身体素质较差

D. 文化学习挤占训练精力

E. 训练不能保持连续、系统

F. 缺乏长期的训练规划

G. 训练方法待提高

H. 其他问题（请写清楚）_____

5. 下列关于训练过程的常见问题中，你遇到的问题有哪些？（多选题）

A. 某些队员的不良行为习惯对我造成影响

B. 缺乏思想政治教育（让我训练动力不足、目标不明确、信念不坚定等）

C. 缺乏对乒乓球业务知识的培训（乒乓技术、战术、身体训练的知识等）

D. 训练负荷较大导致疲劳和受伤

F. 每天的训练时间不足

G. 训练课较随意，要求不够严格

H. 教练没有根据我的特点进行更加细致的指导

I. 急于出成绩，教练对基本功的训练不到位

J. 外出参加比赛的机会较少

K. 同年龄段的队友较少

L. 不同打法类型的队友较少

M. 队友整体水平不高

N. 其他问题（请写清楚）_____

调查到此结束，谢谢你的参与！

附录 I 教练员调查问卷

《中国乒乓球后备人才训练单位绩效评估研究》

教练员调查问卷

尊敬的训练单位教练员，您好！

我是北京体育大学乒乓球方向的博士生。为了更好地了解训练单位教练员的相关情况，我设计了此问卷。您所填写的调查内容仅用于学术研究，并将严格保密，希望您配合填写，谢谢合作！

北京体育大学乒乓球教研室

博士生：周弈
导师：张瑛秋教授
2016 年

填答说明：

请在"_____"填写信息和意见；选择题请直接在选项相应位置划"√"。

第一部分 您的基本情况

1. 您所在的乒乓球训练单位（或学校）：_____
2. 您的性别：（1）男　　（2）女
3. 您的学历：（1）中专　（2）大专　（3）本科　（4）硕士及以上
4. 您的职称：（1）无　　（2）初级　（3）中级　（4）高级及以上
5. 您的人事关系属于：（1）专职　　（2）兼职　　（3）外聘
6. 您在本单位的执教年限：_____年
7. 您从事乒乓球教练工作的年限：_____年
8. 您负责的运动员人数：_____人
9. 您的最高运动经历：
（1）国家队　　　（2）省队　　　　（3）市级代表队
（4）县代表队　　（5）无代表队经历

10. 您每周的乒乓球训练课次数：_____次
11. 您每次乒乓球训练课：_____小时
12. 近两年参加市级以上教练员培训的次数：
（1）没有　　　（2）1次　　　（3）2次　　　（4）3次或以上

第二部分　财务情况调查

1. 与当地平均收入水平相比，您对自己的薪酬待遇是否满意？
（1）非常满意　　　　　　（2）比较满意　　　（3）一般
（4）不满意　　　　　　　（5）非常不满意
2. 您每年获得的培训经费是否能够满足自身不断学习和进步的需要？
（1）完全满足　　　　　　（2）比较满足　　　（3）一般
（4）不满足　　　　　　　（5）完全不满足
3. 贵单位提供的训练竞赛经费是否满足训练竞赛的需要？
（1）完全满足　　　　　　（2）比较满足　　　（3）一般
（3）不满足　　　　　　　（4）完全不满足

第三部分

以下问题是了解您在乒乓球后备人才训练单位工作过程中的有关感受。1代表"完全不满意"；2代表"不满意"，以此类推，一直到5代表"非常满意"。请阅读以下句子，在右栏选择并用"√"划上合适的数字。答案无所谓对错。所填资料绝对保密。请一定根据您的真实感受作答，谢谢合作！

请问自己：我对工作的这一方面满意度如何？

序号		非常不满意	不满意	无所谓	满意	非常满意
1	能够一直保持忙碌的状态	1	2	3	4	5
2	独立工作的机会	1	2	3	4	5
3	时不时地能有做一些不同事情的机会	1	2	3	4	5
4	在团体中成为重要角色的机会	1	2	3	4	5
5	我的领导对待他/她的下属的方式	1	2	3	4	5
6	我的领导做决策的能力	1	2	3	4	5
7	能够做一些不违背我良心的事情	1	2	3	4	5

续表

序号		非常不满意	不满意	无所谓	满意	非常满意
8	我的工作的稳定性	1	2	3	4	5
9	能够为其他人做些事情的机会	1	2	3	4	5
10	告诉他人该做些什么的机会	1	2	3	4	5
11	能够充分发挥我能力的机会	1	2	3	4	5
12	工作单位政策实施的方式	1	2	3	4	5
13	我的收入与我的工作量	1	2	3	4	5
14	职位晋升的机会	1	2	3	4	5
15	能自己做出判断的自由	1	2	3	4	5
16	能自主决定如何完成工作的机会	1	2	3	4	5
17	工作条件	1	2	3	4	5
18	同事之间相处的方式	1	2	3	4	5
19	工作表现出色时，所获得的奖励	1	2	3	4	5
20	我能够从工作中获得的成就感	1	2	3	4	5

第四部分　乒乓球后备人才培养现状调查

1. 下列关于"运动员队伍"的常见问题中，您所在训练单位存在的问题都有哪些？（多选题，请直接在相应选项打"√"即可）

　　A. 运动员生源不足、选材困难

　　B. 运动员流失较普遍

　　C. 目前在训人数较少

　　D. 运动员性别结构失衡

　　E. 运动员年龄结构失衡

　　F. 运动员文化成绩较差

　　G. 运动员打法类型单一

　　H. 运动员尖子较少，整体水平不高

　　I. 其他问题（请写明）_____

2. 下列关于"教练员队伍"的常见问题中，您所在训练单位存在的问题都有哪些？（多选题）

A. 教练队伍缺乏领军人物

B. 教练政治素质不高

C. 教练业务素质不高

D. 教练敬业程度下降

E. 教练员缺乏工作经验

F. 教练年龄结构失衡

G. 教练人手不足

H. 教练队伍不稳定

I. 其他问题（请写明）＿＿＿＿＿＿＿＿＿＿＿＿＿＿＿＿＿＿＿

3. 下列关于"招生和选材困难"的常见问题中，您所在训练单位存在的问题都有哪些？（多选题）

A. 学籍管理、注册问题导致招生困难（如地方限制外来学生的政策等）

B. 家长观念导致选材困难

C. 传统校匮乏导致选材困难

D. 打法类型造成选材难

E. 应试教育造成选材困难（学校不支持，认为训练耽误学习）

F. 教练员下基层选材工作不到位导致选材人数少

G. 其他问题（请写明）＿＿＿＿＿＿＿＿＿＿＿＿＿＿＿＿＿＿＿

4. 下列关于"运动员流失"的常见问题中，您所在训练单位存在的问题都有哪些？（多选题）

A. 教育部没有乒乓球特长加分、择校等政策倾斜造成流失

B. 队员升学转为应届文化生导致流失（小升初、初升高等）

C. 队员对将来出路的顾虑导致流失

D. 与家长沟通不足导致流失

E. 学训矛盾导致中途流失

F. 其他问题（请写明）＿＿＿＿＿＿＿＿＿＿＿＿＿＿＿＿＿＿＿

5. 下列关于"训练组织与保障"的常见问题中，您所在训练单位存在的问题都有哪些？（多选题）

A. 科研服务训练的能力不足

B. 医务服务训练的能力不足

C. 领导的重视程度不足

D. 训练竞赛经费匮乏

E. 专项经费分配不合理

F. 缺乏有效的教练员聘任制度

G. 缺乏有效的运动员进退队制度

H. 缺乏有效的训练工作管理制度

I. 缺乏有效的教练员工作激励机制

J. 缺乏有效的运动员训练激励机制

K. 其他问题（请写明）＿＿＿＿＿＿＿＿＿＿＿＿＿＿＿＿＿＿＿

6. 下列乒乓球训练单位"训练条件"存在的常见问题中，您所在训练单位的问题有哪些？（多选题）

A. 乒乓球训练器材不足（球台不足、球拍、胶皮、球等）

B. 乒乓球训练场馆条件不足（灯光、地板、空调、通风、空间等）

C. 身体训练器材不足（体能训练器材数量不够、种类较少等）

D. 身体恢复性设施不足

E. 田径场不能满足训练需要

F. 餐饮条件不足

G. 住宿条件不足

H. 卫生状况较差

I. 医疗设施不足

J. 环境绿化不足

K. 其他问题（请写明）＿＿＿＿＿＿＿＿＿＿＿＿＿＿＿＿＿＿＿

7. 下列关于"运动训练过程"的常见问题中，您所在训练单位存在的问题都有哪些？（多选题）

A. 某些队员的不良行为习惯影响其他队员

B. 队员思想政治素质待加强（训练作风、吃苦耐劳能力）

C. 运动员业务知识不足

D. 运动员伤病较普遍

E. 对运动员身体的恢复性训练不足

F. 训练课时量不足

G. 训练计划制定不完备、过于简单

H. 训练总结不够及时认真，流于形式

I. 训练编班、分组不够合理

J. 实际训练方法和手段单一

K. 训练不够系统和持续

L. 训练工作监督落实不到位

M. 主要基于经验进行训练，缺乏科学指导

N. 对运动员因材施教不够

O. 急功近利的思想较严重导致过早专项化，基本功不扎实

P. 训练性比赛较少

Q. 外出参赛机会较少

R. 其他问题（请写明）＿＿＿＿＿＿＿＿＿＿＿＿＿＿＿＿＿＿＿

调查到此结束，衷心感谢您的配合和宝贵意见！

附录 J 训练单位绩效评估体系 AHP 权重确定专家调查表

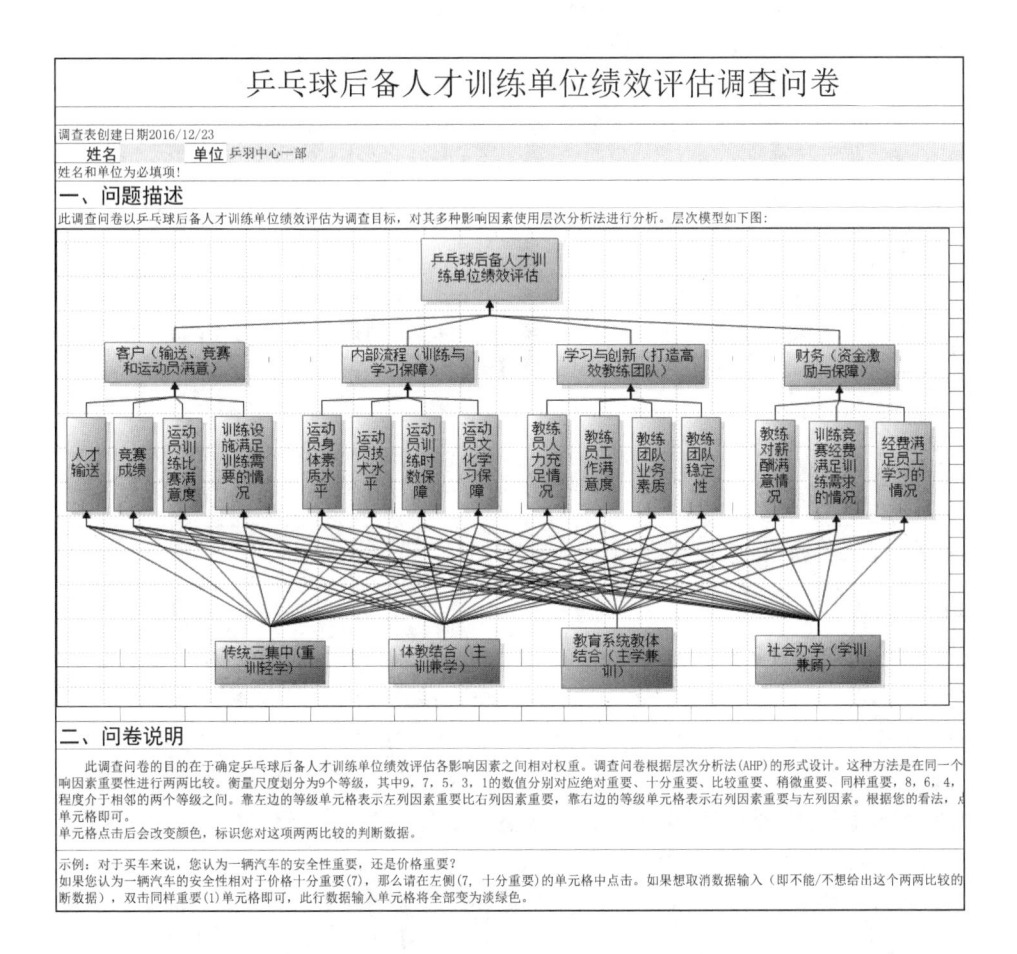

乒乓球后备人才训练单位绩效评估调查问卷

调查表创建日期2016/12/23

姓名　　　　　单位 乒羽中心一部

姓名和单位为必填项！

一、问题描述

此调查问卷以乒乓球后备人才训练单位绩效评估为调查目标，对其多种影响因素使用层次分析法进行分析。层次模型如下图：

目标层：乒乓球后备人才训练单位绩效评估

准则层：
- 客户（输送、竞赛和运动员满意）
- 内部流程（训练与学习保障）
- 学习与创新（打造高效教练团队）
- 财务（资金激励与保障）

指标层：
- 人才输送
- 竞赛成绩
- 运动员训练比赛满意度
- 训练设施满足训练需要的情况
- 运动员身体素质水平
- 运动员技术水平
- 运动员训练时数保障
- 运动员文化学习保障
- 教练员人力充足情况
- 教练员工作满意度
- 教练团业务素质
- 教练团队稳定性
- 教练对薪酬满意情况
- 训练竞赛经费满足训练需求的情况
- 经费满足员工学习的情况

方案层：
- 传统三集中（重训轻学）
- 体教结合（主训兼学）
- 教育系统教体结合（主学兼训）
- 社会办学（学训兼顾）

二、问卷说明

此调查问卷的目的在于确定乒乓球后备人才训练单位绩效评估各影响因素之间相对权重。调查问卷根据层次分析法(AHP)的形式设计。这种方法是在同一个响因素重要性进行两两比较。衡量尺度划分为9个等级，其中9，7，5，3，1的数值分别对应绝对重要、十分重要、比较重要、稍微重要、同样重要，8，6，4，程度介于相邻的两个等级之间。靠左边的等级单元格表示左列因素重要比右列因素重要，靠右边的等级单元格表示右列因素重要与左列因素。根据您的看法，点单元格即可。

单元格点击后会改变颜色，标识您对这项两两比较的判断数据。

示例：对于买车来说，您认为一辆汽车的安全性重要，还是价格重要？

如果您认为一辆汽车的安全性相对于价格十分重要(7)，那么请在左侧(7，十分重要)的单元格中点击。如果想取消数据输入（即不能/不想给出这个两两比较的判断数据），双击同样重要(1)单元格即可，此行数据输入单元格将全部变为淡绿色。

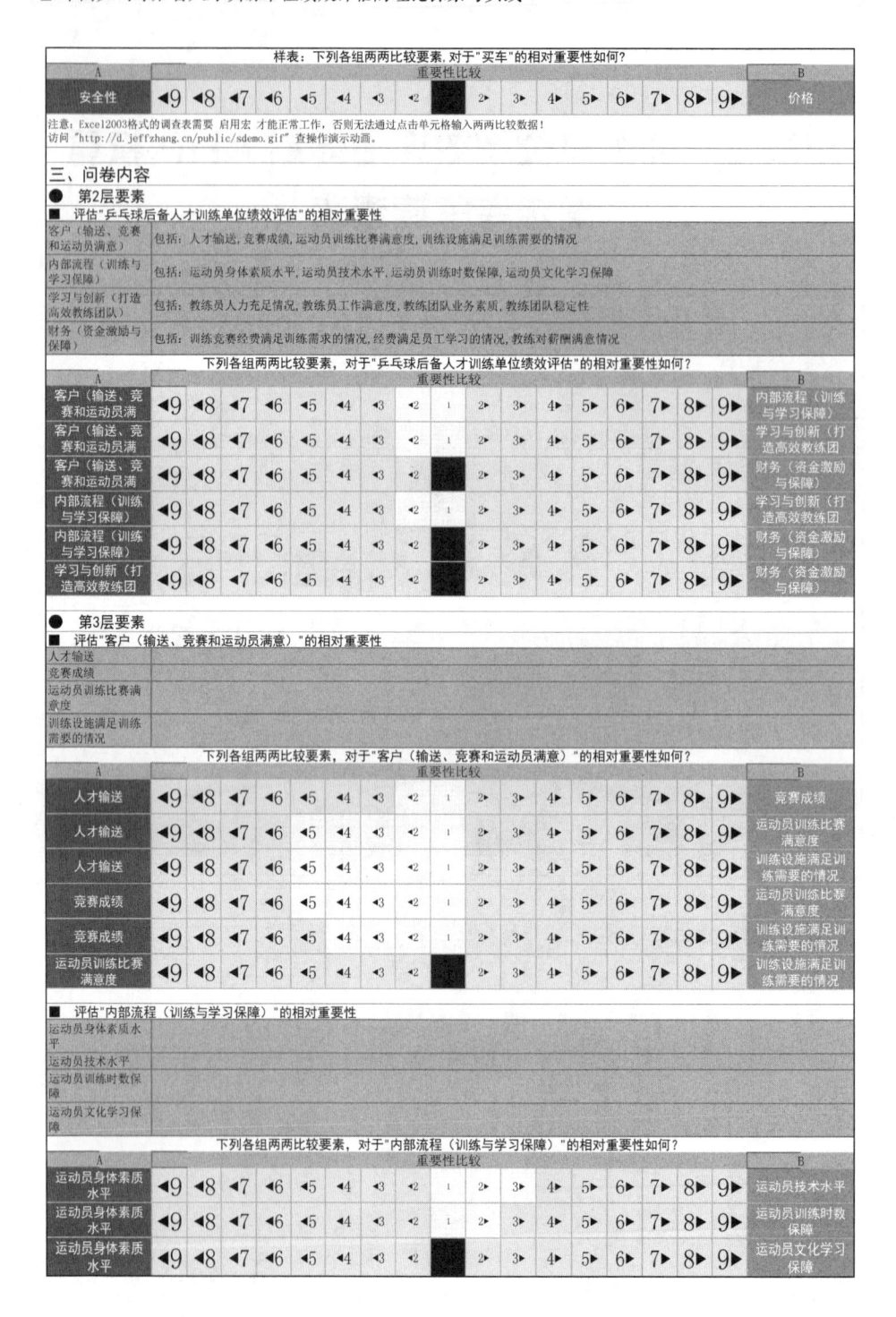

中国乒乓球后备人才训练单位绩效评估的理论探索与实践

A	重要性比较	B
安全性	◄9 ◄8 ◄7 ◄6 ◄5 ◄4 ◄3 ◄2 1 2► 3► 4► 5► 6► 7► 8► 9►	价格

样表：下列各组两两比较要素，对于"买车"的相对重要性如何？

注意：Excel2003格式的调查表需要启用宏才能正常工作，否则无法通过点击单元格输入两两比较数据！
访问 "http://d.jeffzhang.cn/public/sdemo.gif" 查操作演示动画。

三、问卷内容

● 第2层要素

■ 评估"乒乓球后备人才训练单位绩效评估"的相对重要性

客户（输送、竞赛和运动员满意）	包括：人才输送，竞赛成绩，运动员训练比赛满意度，训练设施满足训练需要的情况
内部流程（训练与学习保障）	包括：运动员身体素质水平，运动员技术水平，运动员训练时数保障，运动员文化学习保障
学习与创新（打造高效教练团队）	包括：教练员人力充足情况，教练员工作满意度，教练团队业务素质，教练团队稳定性
财务（资金激励与保障）	包括：训练竞赛经费满足训练需求的情况，经费满足员工学习的情况，教练对薪酬满意情况

下列各组两两比较要素，对于"乒乓球后备人才训练单位绩效评估"的相对重要性如何？

A	重要性比较	B
客户（输送、竞赛和运动员满）	◄9 ◄8 ◄7 ◄6 ◄5 ◄4 ◄3 ◄2 1 2► 3► 4► 5► 6► 7► 8► 9►	内部流程（训练与学习保障）
客户（输送、竞赛和运动员满）	◄9 ◄8 ◄7 ◄6 ◄5 ◄4 ◄3 ◄2 1 2► 3► 4► 5► 6► 7► 8► 9►	学习与创新（打造高效教练团）
客户（输送、竞赛和运动员满）	◄9 ◄8 ◄7 ◄6 ◄5 ◄4 ◄3 ◄2 1 2► 3► 4► 5► 6► 7► 8► 9►	财务（资金激励与保障）
内部流程（训练与学习保障）	◄9 ◄8 ◄7 ◄6 ◄5 ◄4 ◄3 ◄2 1 2► 3► 4► 5► 6► 7► 8► 9►	学习与创新（打造高效教练团）
内部流程（训练与学习保障）	◄9 ◄8 ◄7 ◄6 ◄5 ◄4 ◄3 ◄2 1 2► 3► 4► 5► 6► 7► 8► 9►	财务（资金激励与保障）
学习与创新（打造高效教练团）	◄9 ◄8 ◄7 ◄6 ◄5 ◄4 ◄3 ◄2 1 2► 3► 4► 5► 6► 7► 8► 9►	财务（资金激励与保障）

● 第3层要素

■ 评估"客户（输送、竞赛和运动员满意）"的相对重要性

- 人才输送
- 竞赛成绩
- 运动员训练比赛满意度
- 训练设施满足训练需要的情况

下列各组两两比较要素，对于"客户（输送、竞赛和运动员满意）"的相对重要性如何？

A	重要性比较	B
人才输送	◄9 ◄8 ◄7 ◄6 ◄5 ◄4 ◄3 ◄2 1 2► 3► 4► 5► 6► 7► 8► 9►	竞赛成绩
人才输送	◄9 ◄8 ◄7 ◄6 ◄5 ◄4 ◄3 ◄2 1 2► 3► 4► 5► 6► 7► 8► 9►	运动员训练比赛满意度
人才输送	◄9 ◄8 ◄7 ◄6 ◄5 ◄4 ◄3 ◄2 1 2► 3► 4► 5► 6► 7► 8► 9►	训练设施满足训练需要的情况
竞赛成绩	◄9 ◄8 ◄7 ◄6 ◄5 ◄4 ◄3 ◄2 1 2► 3► 4► 5► 6► 7► 8► 9►	运动员训练比赛满意度
竞赛成绩	◄9 ◄8 ◄7 ◄6 ◄5 ◄4 ◄3 ◄2 1 2► 3► 4► 5► 6► 7► 8► 9►	训练设施满足训练需要的情况
运动员训练比赛满意度	◄9 ◄8 ◄7 ◄6 ◄5 ◄4 ◄3 ◄2 1 2► 3► 4► 5► 6► 7► 8► 9►	训练设施满足训练需要的情况

■ 评估"内部流程（训练与学习保障）"的相对重要性

- 运动员身体素质水平
- 运动员技术水平
- 运动员训练时数保障
- 运动员文化学习保障

下列各组两两比较要素，对于"内部流程（训练与学习保障）"的相对重要性如何？

A	重要性比较	B
运动员身体素质水平	◄9 ◄8 ◄7 ◄6 ◄5 ◄4 ◄3 ◄2 1 2► 3► 4► 5► 6► 7► 8► 9►	运动员技术水平
运动员身体素质水平	◄9 ◄8 ◄7 ◄6 ◄5 ◄4 ◄3 ◄2 1 2► 3► 4► 5► 6► 7► 8► 9►	运动员训练时数保障
运动员身体素质水平	◄9 ◄8 ◄7 ◄6 ◄5 ◄4 ◄3 ◄2 1 2► 3► 4► 5► 6► 7► 8► 9►	运动员文化学习保障

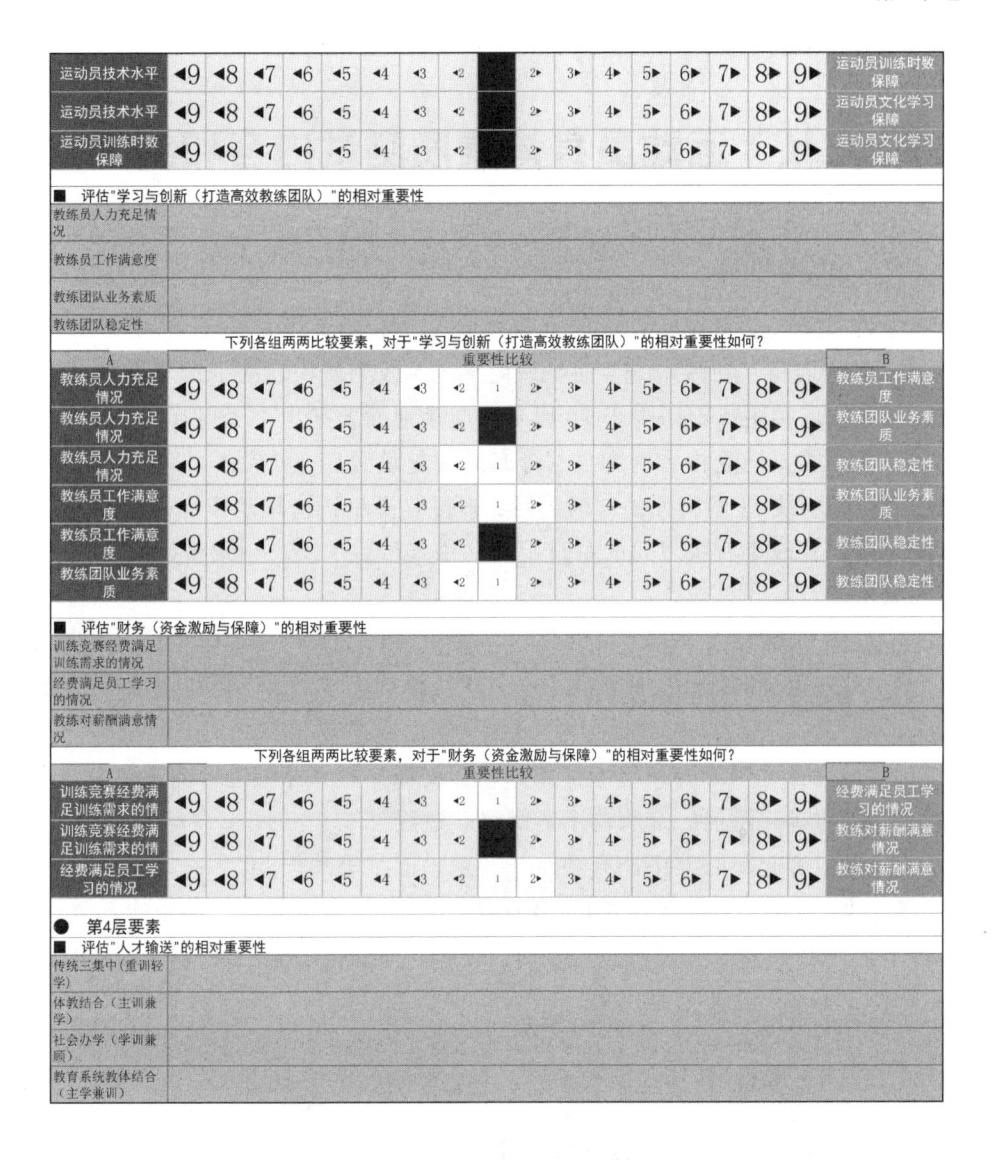

A	◄9	◄8	◄7	◄6	◄5	◄4	◄3	◄2	1	2►	3►	4►	5►	6►	7►	8►	9►	B
运动员技术水平	◄9	◄8	◄7	◄6	◄5	◄4	◄3	◄2	■	2►	3►	4►	5►	6►	7►	8►	9►	运动员训练时数保障
运动员技术水平	◄9	◄8	◄7	◄6	◄5	◄4	◄3	◄2	■	2►	3►	4►	5►	6►	7►	8►	9►	运动员文化学习保障
运动员训练时数保障	◄9	◄8	◄7	◄6	◄5	◄4	◄3	◄2	■	2►	3►	4►	5►	6►	7►	8►	9►	运动员文化学习保障

■ 评估"学习与创新（打造高效教练团队）"的相对重要性

教练员人力充足情况	
教练员工作满意度	
教练团队业务素质	
教练团队稳定性	

下列各组两两比较要素，对于"学习与创新（打造高效教练团队）"的相对重要性如何？

A	◄9	◄8	◄7	◄6	◄5	◄4	◄3	◄2	1	2►	3►	4►	5►	6►	7►	8►	9►	B
教练员人力充足情况	◄9	◄8	◄7	◄6	◄5	◄4	■	◄2	1	2►	3►	4►	5►	6►	7►	8►	9►	教练员工作满意度
教练员人力充足情况	◄9	◄8	◄7	◄6	◄5	◄4	◄3	■	1	2►	3►	4►	5►	6►	7►	8►	9►	教练团队业务素质
教练员人力充足情况	◄9	◄8	◄7	◄6	◄5	◄4	◄3	◄2	■	2►	3►	4►	5►	6►	7►	8►	9►	教练团队稳定性
教练员工作满意度	◄9	◄8	◄7	◄6	◄5	◄4	◄3	◄2	1	■	3►	4►	5►	6►	7►	8►	9►	教练团队业务素质
教练员工作满意度	◄9	◄8	◄7	◄6	◄5	◄4	◄3	■	1	2►	3►	4►	5►	6►	7►	8►	9►	教练团队稳定性
教练团队业务素质	◄9	◄8	◄7	◄6	◄5	◄4	◄3	◄2	1	2►	3►	4►	5►	6►	7►	8►	9►	教练团队稳定性

■ 评估"财务（资金激励与保障）"的相对重要性

训练竞赛经费满足训练需求的情况	
经费满足员工学习的情况	
教练对薪酬满意情况	

下列各组两两比较要素，对于"财务（资金激励与保障）"的相对重要性如何？

A	◄9	◄8	◄7	◄6	◄5	◄4	◄3	◄2	1	2►	3►	4►	5►	6►	7►	8►	9►	B
训练竞赛经费满足训练需求的情况	◄9	◄8	◄7	◄6	◄5	◄4	◄3	◄2	1	2►	3►	4►	5►	6►	7►	8►	9►	经费满足员工学习的情况
训练竞赛经费满足训练需求的情况	◄9	◄8	◄7	◄6	◄5	◄4	◄3	■	1	2►	3►	4►	5►	6►	7►	8►	9►	教练对薪酬满意情况
经费满足员工学习的情况	◄9	◄8	◄7	◄6	◄5	◄4	◄3	◄2	1	2►	3►	4►	5►	6►	7►	8►	9►	教练对薪酬满意情况

● 第4层要素

■ 评估"人才输送"的相对重要性

传统三集中（重训轻学）	
体教结合（主训兼学）	
社会办学（学训兼顾）	
教育系统教体结合（主学兼训）	

附录 K 运动员身体素质测试内容和细则

一、立定跳远

1. 测试意义：测试运动员的下肢力量。

2. 场地器材：在沙坑（沙面与地面平齐）或土质松软的平地上进行。起跳线至沙坑近端距离不得少于 30 厘米。起跳地面要平坦，不得有凹陷。

3. 测试方法：受检者两脚自然分开站在起跳线后，脚尖不得踩线（最好用线绳做起跳线）。两脚原地同时起跳，不得有垫步或连跳动作。丈量起跳线后缘至最近着地点后缘之间的垂直距离。每人试跳三次，记录最好成绩。以厘米为单位，不计小数。

4. 注意事项：

① 发现犯规时，此次成绩无效。三次试跳均无成绩者，再跳至取得成绩为止。

② 受检者可以赤脚，但不得穿钉鞋、皮鞋、塑料凉鞋进行测试。

③ 受检者起跳前，双脚均不能踩线、过线。

④ 受检者起跳时，不能有垫跳、助跑、连跳等动作。

5. 记录方法：以厘米为单位，精确到个位，填入方格内。如受检者测量结果不到 100 厘米，方格首位应加 0。例如，某受检者立定跳远测量结果为 98 厘米，正确的记录应为 098。

二、3.5 米侧滑步

1. 测试意义：测试运动员的移动速度。

2. 场地器材：间距 3.5 米的两张乒乓球台、秒表。

3. 测试方法：受试者手扶球台边线站好，当听到"开始"的口令之后，运动员可使用任何乒乓球步法，在两张乒乓球台之间移动（3.5 米），每次必须手触球台，记录运动员 30 秒手触球台的次数。

4. 注意事项：每次被计算的移动必须手触球台，没有手触球台的移动应不予计算。

三、双摇跳

1. 测试意义：测试运动员的动作速度。
2. 场地器材：运动场地及塑料跳绳。
3. 测试方法：受试者手持跳绳站好，当听到"开始"的口令之后，开始计时，记录运动员 45 秒双摇跳成功的次数。如果运动员不会双摇跳，可进行普通的跳绳测试，但每两次跳绳的次数按一次双摇跳计算。
4. 注意事项：必须跳一次手摇两次跳绳。

四、30 米跑

1. 测试意义：测试运动员的移动速度。
2. 场地器材：在平坦的地面（地质不限）上画长 30 米、宽 1.22 米的直线跑道若干条。设一端为起点线，另一端为终点线。发令旗一面，发令哨一个，秒表若干块。
3. 测试方法：受检者至少 2 人一组，采用站立式起跑；当听到起跑信号后，立即起跑，全力跑向终点线。发令员站在起点线的侧面，在发出起跑信号的同时，要挥动发令旗。计时员位于终点线的侧面，视发令旗挥动的同时，开表计时；当受检者胸部到达终点线的垂直面时停表。记录以秒为单位，保留小数点后 1 位。小数点后第二位数按非"0"进"1"的原则进位。如 10.11 秒应读成 10.2 秒。
4. 注意事项：
① 测试前，检测人员要明确告知受检者要全速直线跑，途中不得串道。
② 起跑前，受检者不能踩、跨起跑线；如抢跑，应将其召回，重跑。
③ 测试时，受检者应穿运动鞋或胶鞋，但不能穿钉鞋、皮鞋、塑料凉鞋。
④ 测试时，如遇风，一律顺风跑。

五、3000 米跑

1. 测试意义：测试运动员的耐力。
2. 场地器材：地面平坦的田径跑道。发令旗一面，发令哨一个，秒表若干块。

3. 测试方法：受检者至少两人一组，采用站立式起跑；当听到起跑信号后，立即起跑，全力跑向终点线。发令员站在起点线的侧面，在发出起跑信号的同时，要挥动发令旗。计时员位于终点线的侧面，视发令旗挥动的同时，开表计时；当受检者跑完全程，胸部到达终点线的垂直面时停表。测试 1 次。记录跑完全程的时间，以秒为单位，保留小数点后 1 位。小数点后第 2 位数按非"0"进"1"的原则进位。

4. 注意事项：

① 测试前，检测人员应明确告知受检者途中不得串道。

② 起跑前，受检者不能踩、跨起跑线；如抢跑，应将其召回，重跑。

③ 测试时，要及时向受检者报告所剩下的重复圈数，以免跑错距离。

④ 测试时，受检者应穿运动鞋和胶鞋，但不得穿钉鞋。

⑤ 受检者通过起终点线后方可减速。

5. 记录方法：先将成绩依分、秒写入相应横线内；再换算成秒，精确到小数点后 1 位；填入方格内。例如，某受检者成绩为 2 分钟 8 秒 5。写入横线后，换算为 128.5 秒，填入方格内。正确的记录应为 128.5″。

附录 L 《中国青少年乒乓球训练教学大纲身体素质评价标准》

（一）男子身体素质考核标准

表 L.1　男子 9～10 岁运动员身体素质标准

等级	单项得分	30米/s	3000米/s	45秒双摇跳/次	3.5米侧滑步（脚踩白线）	3.5米侧滑步（手摸球台）	立定跳远/m
A	100	4″25	10′50	107	42	52	2.80
	98	4″40	11′05	102	40	49	2.65
	96	4″55	11′20	97	38	46	2.55
	94	4″65	11′35	92	36	43	2.45
	92	4″75	11′50	87	34	40	2.35
	90	4″85	12′00	82	32	37	2.25
B	88	4″95	12′10	79	30	36	2.15
	86	5″00	12′20	76	29	35	2.10
	84	5″05	12′30	73	28	34	2.05
	81	5″09	12′40	70	27	33	2.00
	78	5″11	12′50	67	26	32	1.96
	75	5″13	12′55	64	25	31	1.94
C	72	5″15	13′05	61	24	30	1.90
	69	5″20	13′15	58	23	29	1.85
	66	5″30	13′25	55	22	28	1.80
	63	5″40	13′35	52	21	27	1.75
	60	5″50	13′45	49	20	26	1.70
D	50	5″60	13′55	44	18	23	1.65
	40	5″70	14′05	39	16	20	1.60
	30	5″80	14′15	34	14	17	1.55
	15	5″90	14′30	29	12	14	1.50
	0	6″00	14′45	24	10	11	1.45

表 L.2　男子 11～12 岁运动员身体素质标准

等级	单项得分	30米/s	3000米/s	45秒双摇跳/次	3.5米侧滑步（脚踩白线）	3.5米侧滑步（手摸球台）	立定跳远/m
A	100	4″05	10′30	114	43	53	3.00
	98	4″20	10′50	109	41	50	2.80
	96	4″35	11′05	104	39	47	2.70
	94	4″45	11′20	99	37	44	2.60
	92	4″55	11′30	94	35	41	2.50
	90	4″65	11′40	89	33	38	2.40
B	88	4″75	11′50	86	31	37	2.30
	86	4″85	12′00	83	30	36	2.20
	84	4″95	12′10	80	29	35	2.10
	81	5″00	12′20	77	28	34	2.05
	78	5″05	12′30	74	27	33	2.00
	75	5″08	12′39	71	26	32	1.95
C	72	5″10	12′43	68	25	31	1.93
	69	5″15	12′47	65	24	30	1.90
	66	5″25	13′05	62	23	29	1.85
	63	5″35	13′15	59	22	28	1.80
	60	5″45	13′25	56	21	27	1.75
D	50	5″55	13′25	51	19	24	1.70
	40	5″65	13′35	46	17	21	1.65
	30	5″75	13′45	41	15	18	1.60
	15	5″85	14′00	36	13	15	1.55
	0	6″95	14′15	31	11	12	1.50

表 L.3 男子 13～14 岁运动员身体素质标准

等级	单项得分	30米/s	3000米/s	45秒双摇跳/次	3.5米侧滑步（脚踩白线）	3.5米侧滑步（手摸球台）	立定跳远/m
A	100	3″70	10′00	124	44	54	3.25
	98	3″85	10′20	119	42	51	3.05
	96	4″00	10′35	114	30	48	2.90
	94	4″10	10′50	109	38	45	2.80
	92	4″20	11′00	104	36	42	2.70
	90	4″30	11′10	99	34	39	2.60
B	88	4″40	11′20	96	32	38	2.50
	86	4″50	11′30	93	31	37	2.40
	84	4″60	11′40	90	30	36	2.35
	81	4″65	11′50	87	29	35	2.30
	78	4″69	12′00	84	28	34	2.25
	75	4″71	12′04	81	27	33	2.21
C	72	4″75	12′10	78	26	32	2.19
	69	4″80	12′20	75	25	31	2.15
	66	4″90	12′30	72	24	30	2.10
	63	5″00	12′40	69	23	29	2.05
	60	5″10	12′50	66	22	28	2.00
D	50	5″20	13′00	61	20	25	1.95
	40	5″30	13′10	56	18	22	1.90
	30	5″40	13′20	51	16	19	1.85
	15	5″50	13′35	46	14	16	1.80
	0	5″60	13′50	41	12	13	1.75

(二)女子身体素质考核标准

表 L.4　女子 9~10 岁运动员身体素质标准

等级	单项得分	30 米 /s	3000 米 /s	45 秒双摇跳/次	3.5 米侧滑步（脚踩白线）	3.5 米侧滑步（手摸球台）	立定跳远 /m
A	100	4″55	12′30	128	40	49	2.75
	98	4″70	12′50	122	38	46	2.60
	96	4″85	13′05	116	36	43	2.50
	94	4″95	13′20	110	34	40	2.40
	92	5″05	13′30	104	32	37	2.30
	90	5″15	13′40	98	30	34	2.20
B	88	5″25	13′50	95	28	33	2.10
	86	5″30	14′00	92	27	32	2.05
	84	5″35	14′10	89	26	31	2.00
	81	5″40	14′20	86	25	30	1.95
	78	5″44	14′25	83	24	29	1.91
	75	5″46	14′30	80	23	28	1.89
C	72	5″50	14′40	77	22	27	1.85
	69	5″55	14′50	74	21	26	1.80
	66	5″65	15′00	71	20	25	1.75
	63	5″75	15′10	68	19	24	1.70
	60	5″85	15′20	65	18	23	1.65
D	50	5″95	15′30	59	16	20	1.60
	40	6″05	15′40	53	14	17	1.55
	30	6″15	15′50	47	12	14	1.50
	15	6″25	16′05	41	10	11	1.40
	0	6″35	16′20	35	8	8	1.30

表 L.5　女子 11~12 岁运动员身体素质标准

等级	单项得分	30米/s	3000米/s	45秒双摇跳/次	3.5米侧滑步（脚踩白线）	3.5米侧滑步（手摸球台）	立定跳远/m
A	100	4″30	12′10	132	41	50	2.85
	98	4″45	12′25	126	39	47	2.70
	96	4″60	12′40	120	37	44	2.60
	94	4″70	12′55	114	35	41	2.50
	92	4″80	13′10	108	33	38	2.40
	90	4″90	13′20	102	31	35	2.30
B	88	5″00	13′30	99	29	34	2.20
	86	5″05	13′40	96	28	33	2.10
	84	5″10	13′50	93	27	32	2.05
	81	5″15	14′00	90	26	31	2.00
	78	5″20	14′10	87	25	30	1.97
	75	5″25	14′14	84	24	29	1.95
C	72	5″27	14′20	81	23	28	1.90
	69	5″30	14′30	78	22	27	1.85
	66	5″40	14′40	75	21	26	1.80
	63	5″50	14′50	72	20	25	1.75
	60	5″60	15′00	69	19	24	1.70
D	50	5″70	15′10	64	17	21	1.65
	40	5″80	15′20	59	15	18	1.60
	30	5″90	15′30	54	13	15	1.55
	15	6″00	15′45	49	11	12	1.45
	0	6″10	16′00	44	9	9	1.35

表 L.6 女子 13~14 岁运动员身体素质标准

等级	单项得分	30米/s	3000米/s	45秒双摇跳/次	3.5米侧滑步（脚踩白线）	3.5米侧滑步（手摸球台）	立定跳远/m
A	100	4″10	11′45	133	42	51	3.05
	98	4″25	12′05	128	40	48	2.90
	96	4″40	12′20	123	38	45	2.80
	94	4″50	12′35	118	36	42	2.70
	92	4″60	12′50	113	34	39	2.60
	90	4″70	13′00	108	32	36	2.50
B	88	4″80	13′10	105	30	35	2.40
	86	4″90	13′20	102	29	34	2.30
	84	5″00	13′30	99	28	33	2.20
	81	5″05	13′40	96	27	32	2.15
	78	5″10	13′50	93	26	31	2.12
	75	5″13	13′55	90	25	30	2.10
C	72	5″15	14′00	87	24	29	2.05
	69	5″20	14′10	84	23	28	2.00
	66	5″30	14′20	81	22	27	1.95
	63	5″40	14′30	78	21	26	1.90
	60	5″50	14′40	75	20	25	1.85
D	50	5″60	14′50	70	18	22	1.80
	40	5″70	145′00	65	16	19	1.75
	30	5″80	15′10	60	14	16	1.70
	15	5″90	15′25	55	12	13	1.60
	0	6″00	15′40	50	10	10	1.50

附录 M 运动员技术测试内容及细则

技术1：不定点两面攻

1. 测试意义：测试运动员基本技术左右转换的能力，稳定性和总体质量。

2. 场地器材：乒乓球台，乒乓球，秒表，挡板。

3. 测试方法：以单球训练的方式，受检者2人一组，其中一人先做陪练，另一人为受检者，首位受检者测试结束后交换。当听到测试开始的信号后，陪练者为受检者提供不定点两面攻各路落点的来球，受检者持续进行回球。总测试时间为10分钟，计时员用秒表记录受检者在10分钟测试期间的上台时间，死球时停表，当受检者将球捡回并继续回击时再次开表。

4. 注意事项：

① 测试前，检测人员要明确告诉受检者详细的技术测试内容和要求，最好先做实际示范，让受检者直观明确测试内容和测试形式。

② 场地设置：由于不同测试地点空间大小有差异，测试人员在测试前需用挡板将各乒乓球台围成相对一致的大小，保证运动员不因场地太宽而延长捡球时间，也不因场地太窄而缩短捡球时间，保证测试结果的一致性和可靠性。

③ 受试者每次只用一个球进行测试，不允许同时带多个球。

技术2：搓球后正手攻

1. 测试意义：测试运动员下旋转换上旋球后连续进攻的能力，稳定性和总体质量。

2. 场地器材：乒乓球台，乒乓球，秒表，挡板。

3. 测试方法：以单球训练的方式，受检者2人一组，其中一人先做陪练，另一人为受检者，首位受检者测试结束后交换。当听到测试开始的信号后，陪练者为受检者提供不定点两面攻各路落点的来球，受检者持续进行回球。总测试时间为10分钟，计时员用秒表记录受检者在10分钟测试期间的上台时间，死球时停表，当受检者将球捡回并继续回击时再次开表。

4. 注意事项：

① 测试前，检测人员要明确告诉受检者详细的技术测试内容和要求，最好先做实际示范，让受检者直观明确测试内容和测试形式。

② 场地设置：由于不同测试地点空间大小有差异，测试人员在测试前需用挡板将各乒乓球台围成相对一致的大小，保证运动员不因场地太宽而延长捡球时间，也不因场地太窄而缩短捡球时间，保证测试结果的一致性和可靠性。

③ 受试者每次只用一个球进行测试，不允许同时带多个球。

附录 N 运动员技术测试评分标准

技术 1：不定点两面攻

表 N.1 均值及标准差

组别	平均值	标准差	落点	力量	反应时	协调性	综合均分
9~10（男）	6'46	1'11	3	3	3	4	3.25
11~12（男）	7'23	1'07	3	3	4	4	3.5
13~14（男）	7'04	1'12	4	4	4	4	4
9~10（女）	7'02	1'17	3	3	3	4	3.25
11~12（女）	6'42	1'24	4	3	3	3	3.25
13~14（女）	6'43	1'15	4	4	4	4	4

主观评价 2 个 4 分至 3 个 3 分的时间标准：2 个 4 分以上查表后加 1 分，3 个 3 分以下查表后减 1 分。

表 N.2 9~10 岁评价标准

得分	标准（男）	标准（女）
1	5'15 以下	5'22 以下
2	5'15 至 6'09	5'22 至 6'22
3	6'09 至 7'23	6'22 至 7'42
4	7'23 至 8'17	7'42 至 8'41
5	8'17 以上	8'41 以上

表 N.3 11~12 岁评价标准

得分	标准（男）	标准（女）
1	5'58 以下	4'55 以下
2	5'58 至 6'49	4'55 至 5'58
3	6'49 至 7'58	5'58 至 7'25
4	7'58 至 8'49	7'25 至 8'29
5	8'49 以上	8'29 以上

表 N.4 13~14岁评价标准

得分	标准（男）	标准（女）
1	5'32 以下	5'07 以下
2	5'32 至 6'26	5'07 至 6'04
3	6'26 至 7'41	6'04 至 7'22
4	7'41 至 8'37	7'22 至 8'19
5	8'37 以上	8'19 以上

技术 2：搓球后正手攻

表 N.5 均值及标准差

组别	平均值	标准差	落点	力量	反应时	协调性	综合平均分
9~10（男）	6'26	1'14	3	3	3	3	3
11~12（男）	6'59	1'21	3	3	4	4	3.5
13~14（男）	6'51	1'16	4	4	4	4	4
9~10（女）	6'31	1'17	3	3	3	3	3
11~12（女）	6'25	1'24	3	3	3	3	3
13~14（女）	6'37	1'22	4	4	4	4	4

主观评价 2 个 4 分以下的时间标准：2 个 4 分以上查表后加 1 分，3 个 3 分以下查表后减 1 分。

表 N.6 9~10岁评价标准

得分	标准（男）	标准（女）
1	4'52 以下	4'52 以下
2	4'52 至 5'48	4'52 至 5'50
3	5'48 至 7'05	5'50 至 7'11
4	7'05 至 8'01	7'11 至 8'09
5	8'01 以上	8'09 以上

表 N.7　11~12 岁评价标准

得分	标准（男）	标准（女）
1	5′15 以下	4′38 以下
2	5′15 至 6′17	4′38 至 5′41
3	6′17 至 7′41	5′41 至 7′08
4	7′41 至 8′42	7′08 至 8′12
5	8′42 以上	8′12 以上

表 N.8　13~14 岁评价标准

得分	标准（男）	标准（女）
1	5′14 以下	4′53 以下
2	5′14 至 6′11	4′53 至 5′55
3	6′11 至 7′31	5′55 至 7′20
4	7′31 至 8′28	7′20 至 8′22
5	8′28 以上	8′22 以上

后记

后 记

本书主要是在作者博士论文的基础上修改而成。回想论文与本书的完成过程，感恩母校，感恩所有关心、爱护、帮助和指导我的人。

感谢恩师张瑛秋教授，是您带我真正跨入乒乓球领域的核心，是您让我一个来自云南的学生有机会站在前沿，是您在我沮丧时用"批评"的技巧让我振作，是您在我失落时给我关怀和鼓励，是您在我研究陷入迷茫时为我提供各项指导，导师严谨的学术态度，灵活的思维，善于根据学生特长进行引导和培养的教育方式让我受益匪浅，人生路上有您牵引，是学生的幸运。

感谢张晓蓬主任、赵霞部长、刘丰德教授、唐建军教授、于洋副教授、肖丹丹研究员、王琛部长、严春锦师兄、祖国伟指导、朱珂老师、夏冬香校长、王寿兵校长、臧玉瑛老师、张树杉教练、陈爱玲主任、柯国尊主任、高玉琴主任、陈伟教练等所有为本研究提供建议，配合研究的专家组成员，是你们百忙之中不厌其烦地大力支持才使得研究得以进行。

感谢北京体育大学赖天德教授、苏丕仁教授、祁国鹰教授、张凯副教授、天津大学赵国杰教授、清华大学苏俊教授对本研究的无私指导和建议。

感谢雷正方、赵喜迎、徐君伟、陈宏、吉龙龙、周星栋、漆小红、刘通等所有帮助我的师哥师姐、同学和师弟师妹们，和你们共同探讨，一起努力的日子是我宝贵的财富。

感谢李林、杨成波、岳海鹏、王琥等领导和同事的关怀与帮助，能加入成体乒羽教研室这个温暖而充满战斗力的团队是我的荣幸。

感谢爸妈对我多年的爱护、养育和教导，感谢妻子陈未央、岳父、岳母对我的支持、帮助和鼓励，你们是我最坚强的后盾。

我会深深记住所有人的厚爱，一如继续，踏实努力。

周 弈

2023 年 11 月 10 日